중국어 외래어의 연구

중국어 외래어의 연구

이 지 원

역락

머리말

언어는 사람들 간에 의미를 전달하고 태도를 표현하는 가장 중요한 도구이다. 사회가 발전하고 과학이 발전함에 따라 언어 또한 끊임없이 변화한다.

사람들은 자신들의 언어에는 없는 다른 민족의 사물이나 개념을 표현하고자 할 때 다른 민족의 어휘를 차용하여 표현하는데 이러한 어휘가 외래어이다. 외래어가 존재하지 않는 언어를 찾아보기가 힘들다. 외래어는 국가와 언어의 발전에 없어서는 안 될 중요한 요소이다.

옛날부터 오늘날에 이르기까지 다른 나라에서 중국어로 들여온 외래어의 가치에 관하여 의심하는 사람은 없을 것이다. 중국 역사 이래로 중국이 외국과 교류를 할 때마다 중국어에 외래어가 유입되었다. 중국과 외국과의 문화 교류가 늘어남에 따라 외국의 사물과 개념들이 중국에 소개되며 중국어에 흔적을 남긴다.

서방 문화가 중국으로 급속하게 전해지면서 외래어도 함께 들어오게 되었다. 아편 전쟁 이후 중국어에 영어 계통의 외래어가 폭발적으로 증가하게 되었다. 이것은 새로운 기술, 사상 및 제품들이 대다수 미국에서 들어오는 경우가 많으며 영어가 점차 국제 언어가 되었기 때문이다.

중국에서는 외국어로부터 외래어를 들여올 경우 우선 가능한 중국어 특징에 맞도록 바꾸려고 한다. 즉 의역(意譯)할 수 있는 것은 의역하여 중국어 체계에 맞추어 외래어를 들여오고자 한다. 물론 의역을 할 수 없는 경우 일단 음역을 하여 중국어로 들여오고 일정 기간을 두면서 바꾸거나 다른 단어로 대체한다.

순음역어는 외국어의 어휘의 발음 특징을 토대로 원래 외국어 어휘의 발음과 가장 비슷한 중국어 단어를 선택하여 음역한다. 음역어는 외래어의 의미를 고려하지 않고 오직 음만을 고려하므로 비교적 간편하고 편리하여 외래어를 들여오는 초기에 사람들이 즐겨 사용하는 방법이다. 최근 과학 기술이 놀라운 속도로 발달하면서 과학 기술과 관련된 외래어가 중국어로 많이 들어오고 있다. 이러한 신 개념은 의역하기가 어려워 순음역어가 많이 출현하는 추세이다.

외래어는 중국어의 표의 기능을 더욱 넓히는 데 기여하였다. 사회 문화가 발전하고 변화하는 과정에서 외래어의 유입은 새로운 사물의 의미뿐만 아니라 사람들의 사상관념을 도입한다. 또한 외래어의 도입과 사용은 중국어에 지대한 영향을 미친다. 외래어는 중국어 어휘 체계를 확장시키고, 구체적인 상황에 따른 미묘한 표현을 정확하게 할 수 있게 한다.

외래어가 대량으로 늘어남에 따라 서방과 중국 간의 문화에 있어 공통부분이 늘어나게 되어 서로간의 이해도를 증진시킬 수 있게 되었다. Byram(1987)에서는 외국어를 공부하는 것은 외국 문화를 공부하는 것과 같으며 문화와 언어 간에는 밀접한 관련이 있다고 하였다. 외래어의 유입은 사람들로 하여금 서방 문화를 숭배하는 심리를 키우게 하여 외래어를 많이 사용하는 것이 전문적이고 현대적이라는 인식을 가지도록 하였다. 이로 인하여 전통적인 중국 사물도 외국 것처럼 보이게 하기 위해 외래어로 포장하는 경우까지 생겨났다.

외래어를 남용하는 것과 함께 근거 없이 번역하는 것 또한 문제다. 이것은 외래어의 유입 시기가 다르고 외래어를 만드는 사람과 그들의 언어적 배경이 다르기 때문이다. 또한 중국어와 외국어의 언어 체계가 다름으로 인하여 외래어 명칭이 통일되지 않는 현상이 발생한다. 특히 중국 남방 연안 지역인 월(粵)방언과 오(吳)방언에서 대량의 외래어가 생산되면서 많은 혼란을 야기하고 있다. 향후 중국에서 외래어는 계속 증가할 것으로 보이며 전파 속도는 가속화될 것이며 더욱 널리 퍼질 것으로 보인다. 따라서 이러한 규범화되지 않은 외래어가 사회에 끼치는 영향은 더욱 심각해질 것이다.

언어가 발전하는 과정에서 외래어에서 일어나는 불일치 현상은 시간이 지남에 따라 자연스럽게 해결될 수 있다. 외래어를 사용하는 언어 사회는 다양한 형식들 중에서 언어 발전에 가장 적합한 형식을 선택하여 고정적으로 통용하게 된다. 그러나 이러한 과정은 비교적 속도가 느리게 완만히 이루어지므로 언어의 혼란을 일으킬 수 있다. 또한 규범화 없이 언어의 자율에 맡기는 방식은 중국어의 발전 속도를 지연시킬 수 있다. 따라서 인위적인 노력을 통해 중국어 외래어의 불일치 현상을 규범화하는 것이 필요할 것으로 보인다. 이를 위해 언어학자들은 외래어 방면 문제에 관하여 지속적인 관심을 기울이고 연구할 필요가 있다.

이 책에서는 현대중국어의 특성, 분류, 양상, 기능, 규범화 등에 대해서 살펴보았다. 이 책이 현대중국어에서 중요한 역할을 하는 외래어를 이해하고 연구하려는 독자에게 많은 도움을 주기를 간절히 바란다.

출판계의 어려운 사정에도 불구하고 이 책을 발간하여 주신 역락출판사 이대현 사장님과 편집하느라 고생하신 권분옥 편집자님께 깊이 감사를 드린다.

여러 가지로 부족한 딸을 언제나 한없는 헌신과 사랑으로 보살펴주시는 어머니와 아버지께 감사하는 마음을 담아 이 책을 드리고 싶다.

2014년 3월
이 지 원

차례

• 표 목차 •

제1장 중국어 외래어의 개념과 특성

중국에서는 학자에 따라 '외래어'를 일컫는 용어가 상이한 점이 있다. 그리하여 이 장에서는 우선 '외래어'의 이칭어(異稱語)를 살펴보고, 외래어의 정의와 범위, 특성 등에 대해 기술하고자 한다.

1. 중국어 외래어의 개념

중국에서는 '외래어(外來語)'를 다양하게 일컫는다. 중국의 중국어 학자에 따라 외래어를 '외래사(外來詞)', '차사(借詞)', '외래어(外來語)', '외래사어(外來詞語)', '외래개념사(外來槪念詞)', '외래영향사(外來影響詞)' 등으로 상이하게 일컫는다.

'외래사(外來詞)'라는 명칭을 최초로 사용한 학자는 중국어 외래어 사전인 '外來詞詞典(1936)'을 편찬한 胡行之이다. 羅常培는 '語言與文

化(1992)'에서 '借詞'라는 명칭을 사용하고, 孫常敍는 '外來詞語'라는 명칭을 사용하였다. 외래어에 관한 명칭과 정의는 다양하나 외래어가 다른 민족으로부터 들여온 것이라는 점에는 의견이 일치한다.

외래어의 범의에 관한 의견도 분분하다. 음역어가 외래어라는 사실에는 이견이 없으나 의역어가 외래어에 속하는지에 대해서는 이견이 있다. 크게 음역 성분을 포함한 단어와 일본에서 들여온 차형사(借形詞)만을 외래어로 보는 이들과 음역이든 의역이든 상관없이 외국에서 들여온 것이라면 모두 외래어로 인정해야 한다는 이들이 있다(武占坤, 王勒, 1983). 의역어도 외래어로 인정해야 한다고 말하는 학자들은 외래어에 대하여 광의적 태도를 보여 준다. 그들의 견해는 다음과 같다.

(ㄱ) 黃宣範은 한 언어가 다른 언어에게서 단어를 빌려오는 것을 외래어라고 한다. 단어를 빌리는 방식으로는 음(音)을 빌리는 방법과 의미를 빌리는 방식이 있다.

(ㄴ) 周法高(1973)에서는 언어는 항상 언어에게서 언어로 전파되고 사용되는데 이를 '차사(借詞, loanword)'라고 한다. 모든 언어는 음역과 의역에 의해 단어를 빌려온다.

(ㄷ) 潘允中(1989)에서의 '의역사(意譯詞)'는 중국어에는 존재하지 않는 개념을 외국어에서 들여온 것을 뜻한다. 중국어의 단어 형성 법칙에 따라 단어를 만들고 새로운 개념을 나타내는 방식이며 이 또한 외래어이다.

(ㄹ) 史有爲(1991)에서 외래어는 다른 민족에게서 받아들인 단어이다. 다른 민족이 그들의 어음 형식, 문자 형식 등을 사용하여

만들어낸 것을 중국어로 들여오면서 중국어 체계에 맞도록 바
꾸어 중국어 단어로 사용하는 것이다.

(ㅁ) 姚英松(1992)에서는 외래어(alien word)가 다른 언어에서 빌려온
단어(loan word) 혹은 개념을 번역하거나 모방한 단어(alienism)
를 일컫는다고 한다. 여기서 전자는 음역어를 뜻하고 후자는
의역어를 뜻한다.

(ㅂ) 黃河淸(1994)에서는 외래어는 다른 나라의 언어에서 들여온 단
어로 중국어의 어음, 어의, 문자 등 언어 체계의 제약을 받는다
고 한다. '盤尼西林-靑毒素'(penicilin), '歇斯底裏-疫病'(hysteria)
등의 외래어는 앞의 외래어는 음역어이고, 뒤의 단어는 의역어
이다. 이들은 동일한 사물에 대하여 의역어와 음역어가 동시에
사용되는 경우이다. 의역어가 중국어의 단어 형성 법칙에 근거
하여 생성된 단어이기 때문에 외래어가 아니고 음역어는 외래
어이라면 동일한 사물을 나타내는 단어가 분리되는 현상이 나
타내게 된다. 따라서 의역어와 음역어 모두 외래어에 포함되어
야 한다.

(ㅅ) 葛本儀(2001)에서는 외래어는 타민족 언어의 영향을 받아 생성
된 단어라고 한다. 사회 발전 과정에서 국가 간 민족 간 교류
는 필연적이며 이로 인해 각 민족의 언어 어휘는 서로 영향을
주고받게 된다. 이 결과 탄생한 단어를 외래어라고 한다.

외래어의 범위에 대하여 협의적 태도를 가진 학자들의 견해는 다
음과 같다.

(ㄱ) 高明凱·劉正埮(1958)에서는 외국어에는 있지만 중국어에는 없
는 의미를 가진 단어의 음과 의미를 동시에 들여온 것을 외래

어라고 한다. 단어는 음과 의미의 결합물이기에 외국어의 단어의 의미만을 중국어로 들여온 경우는 외래어라고 보지 않는다. 이것은 외국어의 단어를 들여온 것이 아니라 의미를 들여온 것이다.

(ㄴ) 梁容若(1959)에서는 외래어는 한 나라의 언어에서 사용하는 다른 민족 언어 혹은 외국어를 뜻한다고 한다. 다른 민족 혹은 외국의 지명, 인명, 왕조의 연대, 종파 이름, 새로운 사물 이름, 학술 용어 등 의역할 수 없거나 의역하기 어려울 때 원래 언어의 음을 빌려 음역하는 방식을 취하는데 이러한 단어를 외래어라고 한다.

(ㄷ) 王力(1980)에서는 외래어는 다른 언어 단어의 음과 의미 모두를 받아들여 생긴다고 한다. 의역은 중국의 전통적인 단어 형성 방식을 따라 번역한 것이며 이는 번역어로 외래어가 아니다.

(ㄹ) 周振鶴·遊汝傑(1986)에서는 외래어의 가장 큰 특징은 음을 번역하는 것이지 의미를 번역한 것이 아니라는 것이라고 한다. 따라서 의역어는 외래어가 아니다. 또한 일본에서 들여온 한자 외래어도 진정한 외래어가 아니다.

(ㅁ) 胡裕樹(1992)에서는 외래어란 중국인이 외국 혹은 다른 민족의 언어에서 들여온 단어를 뜻한다고 한다. 현대중국어의 외래어에는 음역어(音譯語)와 음의겸역어(音義兼譯語)와 일본에서 들여온 차사(借詞)가 포함된다고 한다.

(ㅂ) 呂叔湘(1992)에서는 번역어에는 음역한 경우와 의역한 경우가 있는데, 의역한 단어는 엄격히 말해서 외래어에 속하지 않는다고 한다.

(ㅅ) 葉蜚聲·徐通鏘(1997)에서는 차사(借詞)가 외래어라고 한다. 차

사(借詞)는 음(音)과 의미 모두를 외국어에서 차용한 것을 뜻한
다. 차사는 의역어와 다르며, 의역어는 중국어의 단어 형성 규
칙에 따라 형성된 단어이므로 외래어가 아니다.

차형사(借形詞)가 외래어인가 아닌가에 관해서 이견이 있다. 어떤
이들은 문화적인 관점에서 본다면 의역어는 중국어 문화에 없었던
것을 문화 교류의 결과 들여온 것으로 외래어로 인정해야 한다고 주
장한다. 이들은 일본에서 들여온 차형사는 일본이 서양 문물을 받아
들이는 과정에서 만든 것으로 일본의 것이며 비록 일본이 한자를 사
용하였으나 단어의 의미는 일본이 부여한 것이므로 외래어라고 한
다. 그러나 이에 반대하는 이들은 일본의 고유 단어를 빌려온 것이
아니라 일본이 번역한 단어를 들여온 것이며 일본어의 음을 차용한
것이 아니라 한자만을 들여온 것으로 차형사는 외래어가 아니라고
한다.

방역사(仿譯詞)가 외래어인가 아닌가에 관해서도 의견이 분분하다.
방역사가 외래어라고 주장하는 이들은 의역한 방역사의 의미는 외국
에서 온 것이며 번역하는 과정에서 원래 외국어 단어의 음절에 근거
하여 중국어 어소(語素)로 의역한다. 예를 들면 '排球(volleyball)', '熱狗
(hot dog)' 등이 그 예인데, 이것들은 외국어 단어 체계에 따라 그대로
중국어로 의역한 것이므로 외래어라고 한다. 그러나 이에 반대하는
이들은 방역사 또한 의역어에 속하는 경우로 번역 방식이 특수하긴
하나 중국어에 원래 있던 어휘를 이용하여 의역한 것으로 중국어의
특성을 지니고 있고 중국인의 언어 심리에 부합하기 때문에 외래어

라고 볼 수 없다고 한다.

요컨대 중국어 외래어의 범위는 외래어에 대한 정의와 특성을 어떻게 보느냐에 의해 달라진다.

2. 중국어 외래어의 특성

인류의 교류 도구라고 할 수 있는 언어는 사회 변화에 따라 발전하는데, 언어 요소들 중에서 어휘의 발전은 언어 발전의 특수한 면모를 가장 잘 보여 줄 수 있다. 어휘는 사회 발전을 보여 주는 창문과도 같은 것이라고 할 수 있다. 미국학자 J. B. Pride는 '언어와 사회 구조의 공변' 이론을 내세우며 사회생활이 변화할 때, 사회 현상인 언어는 사회생활 발전과 보조를 맞추어 변화한다고 한다. 사회 발전은 다방면에서 나타나며 사회 제도의 개혁, 사회 구조의 변화; 경제, 과학 기술, 문화, 교육, 체육, 위생 등 각각의 번영과 진보; 국가와 민족 간의 상호 교류, 지역 간의 상호 왕래 등등이다. 이러한 요인들이 모두 여러 방면으로부터 어휘의 발전 변화를 촉진시킨다.

국가와 민족 간의 상호 교류는 언어 간 상호 접촉을 가능하게 한다. 교제는 우호적 혹은 적대적으로 평범한 사무와 상호 작용 관계 속에서 진행될 수 있는데, 국가 간 교류의 정도 혹은 성질의 실질적 내용이 어떠하든 간에, 일반적으로 모종의 언어상 상호 영향을 일으키기에 충분하여 외래어가 생겨나게 된다. 사회 발전이 가속화됨에 따라 외래어의 현대중국어에서의 지위와 역할 또한 점점 중요해지고 있다. 외래어가 들어오는 수량과 속도는 중국어가 생겨나는 수량과 속도를 훨씬 초과하고 있으며, 특히 50년대 이후 어휘 중 발생한 수가 가장 많은 것이 외래어다.

중국어 어휘의 발전 역사를 돌아보면, 이민족 언어의 영향을 받아 발생한 각종 외래어가 다수 있다. 예를 들어, 한무제 시기에 중앙아시아 문화가 대량으로 중원으로 들어오게 되면서 중국에 진기한 조수(鳥獸), 기이한 꽃과 식물, 광물을 들여왔으며, 또한 서역으로부터는 음악과 무도를 들여왔다. 외국 문물이 들어오면서 이에 상응하는 외래어가 생겨났다. 남북조 시기에 이르러, 불교가 중국에 들어오게 되고, 대량의 불교 어휘가 중국어에 수용되었다. 근대 아편 전쟁 이후에는 서방 문화가 중국에 스며들었으며, 그중에서도 서방 과학과 교육 발전을 보여 주는 외래어가 중국어에 지속적으로 들어왔다.

교류의 수요는 한 언어를 쓰는 민족과 이웃한 언어를 쓰는 민족 혹은 문화상 우위를 점하고 있는 언어를 쓰는 민족으로 하여금 직접적 혹은 간접적인 접촉을 갖게 한다. 교류는 우호적 혹은 적대적일 수 있다. 평범한 사무와 교역 관계로 평면적으로 진행될 수 있으며, 정신적 가치－예술, 과학, 종교－의 대차 혹은 교환일 수도 있다. 그러므로 완전히 고립된 언어 혹은 방언을 찾아내기가 힘들다. 외래어의 발생은 단순한 언어 현상이 아닌 일종의 사회와 문화 현상인 것이다.

중국어가 육천여 년의 찬란한 문화를 지니고 있는데 반해 중국어 외래어의 수는 세계 기타 주요 언어들에 비해 상당히 적은 편이다. 중국어와 영어의 외래어를 비교해 보면 중국어의 외래어가 훨씬 적으며, 중국어 외래어 사전에 수록된 외래어를 살펴보면 외래어의 범위는 매우 넓으나, 그중 대부분의 것들이 일반적으로 자주 사용되지 않는 것이며, 만여 개에도 미치지 않는다. 비상용한자가 50만여 개임을 감안하면 2%에도 미치지 않는 것이다. 이런 현상이 일어나게 된 원인은 어디에 있을까?

첫 번째로 역사적으로 중국은 줄곧 통일된 정치와, 번영한 경제, 발달된 문화를 지닌 대국으로 다른 민족과의 교류에 있어서 중국 고대 문명은 다른 민족의 선망의 대상이었으며, 한민족(漢民族) 문화는 다른 민족의 문화와 언어에 깊은 영향을 미쳤다. 따라서 외국에 수출된 중국어 어휘는 비교적 많은데 반해 중국에 수입된 어휘는 비교적 적었다. 다른 민족의 언어에 비해 중국어 외래어의 수가 줄곧 적었던 것은 이와 밀접한 관련이 있을 것이다.

두 번째로 지리적으로 보았을 때, 중국 문명은 황하 유역에서 일어났다. 이 지역은 지중해와 인도양에서 멀리 떨어진 아시아 동부에 위치하고 있다. 비교적 일찍이 흥기한 문명 인류와 지리적으로 떨어져 있어 대규모의 교류가 쉽지 않았고 이는 중국 문명이 줄곧 독립적인 환경과 조건 하에서 성장할 수 있게 하였다.

세 번째로 중국 전통 문화의 특징 중 하나가 봉건성이다. 중국은 역사적으로 쇄국 정책을 실시하고 중화 민족의식이 매우 강하였다. 중국인은 패쇄적인 보수 심리가 강하여 다른 언어에서 수용되는 어휘가 상대적으로 적었다. 중국 민족 전통 문화 관념인 문화결정론과 자민족 중심주의는 외래어에 대한 신중한 태도를 결정하였다. 반대로, 영어 민족은 개방형 민족에 속한다. 그들은 영어 역사에서 보여 주듯이 부단히 외래어를 받아들였다.

그러나 폐쇄적인 중국도 아편 전쟁을 전후로 서방 열강이 침입하게 되고 지식계층의 학자들이 서방 선진 과학 기술을 배움에 따라 대량의 외래어가 쓰이게 되었다. 특히 최근 몇 십 년 동안 외래어가 수용된 것은 주목할 만하다. 중국에서 최근 새로 생긴 외래어는 대략 5% 내외인데, 역사상 중국의 외래어가 고작 1%에서 2%에 불과했던 것을 보면, 현대중국어에 새로 유입되고 있는 외래어의 속도가 굉장히 빠르며 수량 또한 매우 많음을 명백히 보여 준다. 이상에서 알 수 있듯이, 외래어는 한 언어가 다른 언어에서 어휘를 차용해서 생기는 산물일 뿐만 아니라, 동시에 문화 전파의 결과이며, 현재 급증하는 외래어는 사람들의 주목을 끌기에 충분하다.

중국과 대만에서는 동일한 외국어를 상이한 외래어로 사용하는 경우가 있다. 그것들 중에서 일부의 예를 들어 보면 다음의 [표 1]과 같다. [표 1]에서 전자는 중국에서 사용되는 외래어이고 후자는 대만에서 사용되는 외래어이다.

[표 1] 동일한 외국어를 중국과 대만에서 달리 사용하는 외래어

외국어	외래어	
	중국	대만
bikini	比基尼	比基尼泳裝
cashmere	開司米	卡什密阿(紗)
cassette	卡	卡式
champagne	香檳酒	香賓(酒)
cocaine	可卡因	古柯齡
curry	咖喱	加喱

외국어	외래어	
	중국	대만
dacron	的確良	達克龍
disco	迪斯科	狄斯可
Gypsy	吉蔔賽(人)	吉普賽(人)
hippy ; hippie	嬉皮士	嬉皮
icecream	冰激淩	冰淇淋
karat	開	克拉
laser	來塞	雷射
lux	勒克斯	流克司
mandolin	曼德琳	曼多林(琴)
mark	嘜	馬克
miss	密司	密斯
mister	密斯脫	密斯特
ounce	盎司	盎斯
pie	排	派
romance	羅曼司	羅曼斯
romantic	羅曼蒂克	羅曼諦克
salad	色拉	沙拉
sauna	桑拿浴	三溫暖
steam	水汀	灑汀
tire	胎	輪胎
ultimatum	哀的美敦(書)	哀的美頓(書)
valve	閥	凡爾
waltz	華爾茲	華爾滋

  중국과 대만은 문화와 언어 면에서 많은 공통점을 보이지만 정치 사회 등 여러 요인들로 인하여 어휘상의 차이를 보이고 있다. 예를 들어, 대만은 외래어를 번역하는데 아름다운 뜻을 가진 단어를 사용하는 경향이 있는데, 중국은 대중적인 단어를 선택하는 경향이 뚜렷

하다. 또한 외래어의 발음 면에 있어서 중국은 외국 어휘와 발음상 가장 흡사한 단어를 선택하고자 하는 반면 대만은 단어의 실용성을 중시하여 발음을 소홀히 하는 경향이 있다(쓰家寧, 1996). 이로 말미암 아 중국과 대만에서 사용하는 외래어 사이에 차이가 존재한다.

제2장 현대중국어 외래어의 분류

중국어 외래어는 유구한 역사를 지니고 있다. 따라서 중국어 외래어를 제대로 이해하기 위해서는 중국어 외래어의 역사적 측면을 고려하여야 한다. 이 장에서는 우선 중국어 외래어가 중국어로 유입되는 역사적 시기를 몇 단계로 나누어 외래어를 통시적으로 분류한 후 공시적으로 분류하여 살펴보고자 한다.

1. 역사적 분류

외래어는 민족들 간의 문화 교류와 언어가 상호간 영향을 미치는 가운데 발생한 현상이다. 외래어는 비록 어휘 계통에 속하지만 그 발생은 언어 현상에 그치는 것이 아니라 사회와 문화적으로도 밀접한 관련이 있다. 즉 외래어를 유입하는 과정에서 사회 역사적 배경,

전통 문화 관념, 민족 심리 요인 등 여러 가지가 영향을 끼친다. 중국이 역사상 다른 민족과 교류를 할 때마다 중국어 어휘로 외래어가 들어오게 된다. 그리하여 많은 언어학자가 중국어에 중국 역사상 끊임없이 중국어에 유입된 외래어를 이용하여 중국과 외국과의 문화 교류를 연구한다.

1.1. 흉노와 서역에서 들여온 외래어

한족과 이민족 간의 교류는 일찍이 시작된 것으로 알려졌는데 시대가 너무 일러 참고할 만한 문헌 자료가 거의 없는 실정이다. 비교적 정확하게 외래어를 확인할 수 있는 것은 한대 이후 흉노와 서역으로부터 들여온 외래어들이다. 한 시기는 중국 봉건 사회의 양대 융성한 시기 중 한 시기로 경제와 문화가 번영하였고 국력 또한 매우 강하였다. 이러한 태평성대의 시대에 통치자들은 주동적으로 이민족과 교류를 하였으며 서역까지 그 범위가 넓었다. 나라의 정치, 경제, 군사, 과학 기술, 문화 등 방면이 강하므로 언어 간 교류를 하는데 주도권을 가지고 선택적으로 외국 문물을 받아들일 수 있었던 것으로 보인다. 따라서 한 시기는 중국어로 유입된 외래어에 비해 외국으로 수출된 어휘가 훨씬 많았다.

이민족과 정치, 경제, 문화면에서의 교류가 늘어남에 따라 한민족은 자연스럽게 이민족에게 중국 어휘를 수출하고 또한 그들로부터 수많은 어휘를 중국어로 유입하였다. 그런데 한나라 때 중국어로 유입된 외래어는 그 범위가 그다지 넓지 않으며 비교적 구체적인 사물에 국한되어 있다. 즉 중국에는 없는 동물, 식물, 식품, 악기 등의 단어가 주를 이루었다. '사자(獅子)', '목숙(苜蓿)',[1] '호금(胡琴)' 등이 그 예이다.

1) 흉노에서 들여온 외래어

흉노(匈奴)는 대략 서기 전 7세기 경 북방에서 활동하던 민족이다. 서기 전 3세기의 전국 시기에 흥성하였고 서기 1세기에 동한(東漢)에 의해 몰락하였다. 흉노족은 역사상 상·주·진·한 사대에 걸쳐 여러 차례 한족과 전쟁을 일으키며 영향을 주고받았다. 장기간에 걸친 역사 사건들은 중국어에도 반영되어 흉노에서 온 외래어가 존재한다. 흉노에서 들여온 외래어는 절대 다수가 음역어이다. 예를 들면 '낙타(駱駝)', '연지(胭脂)', '비파(琵琶)' 등이 있다. 그런데 한족(漢族)이 흉노족에 비해 경제 문화면에 있어서 절대적 우위를 차지하였기 때문에 흉노어가 중국어에 끼친 영향은 미미하다. 외래어 유입과 관련하여 경제적 요인은 중대한 역할을 하고 있는 것으로 보인다.

2) 서역에서 들여온 외래어

서역에서 외래어를 들여온 것은 한무제(漢武帝) 이전으로 거슬러 올라간다(潘允中, 1989). 서역에서 들여온 외래어로는 '獅子', '苜蓿', '琉璃', '葡萄', '石榴', '檳榔' 등이 있다. 서역은 광활한 토지에서 난 신

---

1) '苜蓿'은 식물 '개자리'를 뜻한다. '개자리'는 '거여목'이라고 일컬음. '개자리'는 콩과의 두해살이풀이다.

기한 산물이 많았고 한족(漢族)과는 다른 예술과 종교를 가지고 있었
다. 한족은 서역과 교역을 하면서 기이한 그들의 물건들을 받아들이
게 된다. 외래어도 이와 함께 중국어로 유입되었다.

　이 시기에 중국어에는 이민족에게서 들여온 외래어의 수량이 많지
않다. 이것은 아마도 그 당시 한족의 문화, 경제 수준이 다른 민족에
비해 월등히 높았기 때문일 것이다. 따라서 외래어에 대한 수요가
그리 많지 않았을 것이며 외래어 수출이 유입에 비해 훨씬 많았다.
또한 이 시기의 외래어는 쉽게 변별하기 어려움 점이 있다. 초기 한
족과 문화적 교류가 있던 많은 소수 민족의 언어는 이미 많이 소멸
되어 외래어의 어원을 찾을 수 없는 실정이다. 이와 같은 이유로 이
시기에 중국어에는 외래어가 상대적으로 적게 나타나고 있다.

1.2. 산스크리트어에서 들여온 외래어

　중고 시대(서기 4세기 동진(東進) 시대~12세기 남송 전반기)에 나타나는
중국어 외래어는 불교 산스크리트어(Sanscrit語)와 관련된 것이 많이
나타난다. 불교와 관련된 외래어로는 음역어(音譯語), 의역어(意譯語),
반음반의역어(半音半意譯語)의 형태로 나타난다. 이것들 중에서 의역어
가 가장 많이 출현하는데, '佛', '塔', '閻羅', '現在', '方便', '平等',
'彼岸', '蘋果'[2] 등이 있다.

　산스크리트어에서 음역(音譯)을 사용하여 들여온 외래어는 현재 중

---

2) '蘋果'는 '사과'를 뜻한다.

국어 독음(讀音)과 차이가 많이 나는 경우가 많다. 이것은 대부분의 음역한 산스크리트어 외래어들이 육조(六朝) 수당(隨唐) 시기에 들여온 것으로 현재 우리가 사용하는 독음과는 차이가 존재하기 때문이다.

음역어에 중국어 어소(語素)를 첨가한 외래어와 반음반의역어도 존재한다. 역어에 중국어 어소를 첨가한 외래어는 일음절(一音節)이나 이음절(二音節)로 구성된 음역어에 중국어 어소를 덧붙이는 형식인데 대표적으로 음역한 '佛'에 중국어 어소를 붙여 '佛土', '佛曲', '佛事', '佛經', '般若字' 등과 같은 외래어를 만들었다.

종교를 통해 외래어가 유입된 것 외에 그 당시 다른 민족과의 교류를 통해 들어온 외래어가 많다. 특히 당나라 때는 경제와 문화가 발달하여 외래문화에 대하여 개방적인 태도를 보였다. 중앙아시아와 한(漢) 나라와의 문화 교류가 활발히 이루어졌으며 특히 음악, 춤과 관련한 외래어도 많이 들어왔다.

1.3. 몽골어와 만주어에서 들여온 외래어

1) 몽골어에서 들여온 외래어

한족(漢族) 역사상 이민족이 침입하여 통치한 적이 있다. 몽골족이 통치한 원나라 시기에도 외래어가 유입되었다. 외래어 가운데 상당수가 160여 년 간의 원나라 통치가 끝나면서 중국어에서 사라졌는데, 행정 제도와 유목 문화와 관련된 외래어들은 지금까지도 사용되고 있다. 예를 들면, '胡同', '站', '阿拉特', '戈壁' 등이 있다. 몽골 문화는 한족 문화에 비해 상대적으로 낙후되어 소멸되었다. 현재 중국어에서 몽골어의 흔적은 많이 남아 있지 않다. 특히 일상생활과 관련된 외래어는 더욱 찾아보기가 힘들다.

원나라 초기에는 몽골족 특유의 문화가 남아 있었는데, 몽골 문화는 점차 다른 이민족이 그랬듯이 한족과 한문화(漢文化)에 융합되어 흡수되는 길을 걷게 되었다. 몽골족은 그들의 통치력을 강화하기 위하여 한족의 제도를 효과적으로 받아들여 사용하였다. 동시에 한민족의 전통 문화를 이용하여 몽골족들을 교육시키고자 하였다. 이로 인하여 몽골족들의 유목 문화는 점차 한족의 문화의 영향을 받아 설자리가 없게 되었다.

2) 만주어에서 들여온 외래어

만주족이 1644년 청나라를 세우며 만주 문화가 한족에게로 전파되게 되었다. 비록 청나라의 통치자는 힘껏 만주족의 문화를 지키고자 하였으나 원나라와 마찬가지로 300년 동안 한족 문화에 점차 동화되어 사라지게 되었다. 만주족의 통치 기간 동안 중국어에 흡수된 외래어가 현재까지 남아 있는 것은 극소수에 불과하다. 예를 들면 '把式', '薩齊瑪', '媽虎子', '喇忽' 등이 있다.

요컨대 원나라의 몽골족과 청나라의 만주족은 중국을 수백 년에 걸쳐 통치했음에도 불구하고 그들의 문화가 한족에 비해 상대적으로 떨어지고 인구수(人口數)가 적은 관계로 그들의 언어는 중국어에 큰 영향을 미치지 못하였다. 그리하여 현재 중국어에서 몽골어 계통의 외래어와 만주어 계통의 외래어를 찾아보기가 힘들다.

1.4. 아편 전쟁[3] 이전 서양에서 들여온 외래어

몽골족이 원나라를 통치하면서 아시아와 유럽 양 대륙에 걸친 거대한 국가가 세워졌다. 이로 인하여 중국과 서양과의 직접적인 왕래가 가능해지면서 두 문화 간의 교류를 촉진시키는 계기가 되었다. 또한 명나라 말 16세기 말에서 17세기 초에 이탈리아인인 Ricci Matteo를 비롯한 선교사들이 중국에 왔다. 그들은 선교를 하면서 徐光啓 등과 서양에서 가지고 온 과학 서적을 중국어로 번역하여 서양 문화와 지식을 중국에 전파하였다. 서학동점(西學東漸)이라고 서양 학문이 동쪽으로 전해지게 된 위의 사건은 중국의 과학과 문화에 지대한 영향을 끼쳤을 뿐만 아니라 중국어에도 많은 영향을 미치게 된다. 예를 들면 王征所가 번역한 "遠西奇器圖說錄"에는 '車輪', '滑車', '風扇', '螺絲', '汽車', '起重機', '自行車', '輪盤', '地球', '重心', '地平線', '水庫', '比例', '載重' 등의 외래어가 수록되어 있다. 李之藻와 傅濟泛이 공동으로 번역한 "名理探"에는 '關係', '惟能', '特殊', '靈魂' 등이 수록되어 있다. 徐光啓가 번역한 "測量法義"에는 '測量' 등의 외래어가 있다. 위와 같이 중국인들이 서양 문화와 접하게 되면서 중국어에 서양에서 들여온 과학과 문화와 관련된 많은 외래어가 들어오게 되었다.

---

[3] '아편 전쟁(阿片戰爭)'은 1840년부터 1842년까지 청나라의 아편 수입 금지 조처로, 청나라와 영국 사이에 일어난 전쟁이다.

1.5. 오사 운동(五四運動) 전후의 외래어

제국주의 열강들이 중국을 침략함에 따라 중국은 강제적으로 서방 세계와 접촉을 하게 되었고, 그 결과 열강들의 힘에 의하여 수동적으로 서방의 문화와 언어를 받아들이게 되었다. 王力(1980)에서는 현대에 이르러 중국어의 신조어는 그 어느 시대보다 많이 늘어났다고 한다. 불교와 관련된 어휘가 중국어에 들어온 것은 역사상 주목할 만한 일임에는 틀림없으나 서양어 어휘가 중국에 들어온 것은 그에 비할 수가 없을 것이라고 주장한다. 아편 전쟁 이후 중국은 외국 문화를 적극적으로 받아들여 경제 발전을 도모하기 위해 번역 사업을 벌여 나간다. 1862년부터 1902년까지 북경에 설립된 동문관(東文館)과, 1870년부터 1907년까지 상해강남제조국(上海江南制造局) 부설 번역관은 모두 번역 작업을 수행하였다. 이것들 중 강남제조국 번역관에서 출판된 번역서는 총 170여 종에 이르며 군사, 공예, 물리학과 화학, 수학, 천문, 생리, 정치, 역사와 지리, 법률, 상업, 농업 등 다양한 학문 방면에 걸쳤다.

서양 학문과 관련된 외래어는 초기에 외래어 형식의 통일성을 갖추지 못하였으며, 용어 또한 과학적이지 않은 것들이 많아 널리 이용되지 못하고 사라지게 되었다. 또한 외래어가 대량으로 중국어로 유입되면서 외래어 체계가 제대로 잡히지 않은 중국어는 음역어들을 의역어로 전환할 수 없었다. 이로 인하여 이 시기의 외래어들은 대다수가 음역의 형태를 지니고 있으며 시간이 지남에 따라 의역어로 바뀌는 경향을 보였다.

오사운동(五四運動)4)을 전후로 하여 더 많은 외래어가 중국어로 유입되었으며 새로운 외래어를 사용하고자 하는 당시 문화적 요구가 있었다. 당시 문화인들이 외래어를 사용하는 것이 일종의 유행이 되었다. 또한 새로운 기술, 상품, 사상, 개념 등이 거의 유럽과 미국 등지에서 들어오게 되고 영어가 날로 국제 언어로 발돋움하게 되면서 중국어 외래어는 영어에서 들여온 것이 가장 많은 비중을 차지하게 되었다.

일본어에서 들어온 외래어도 중국어에서 많은 비중을 차지하고 있다. 이것은 일본이 명치유신(明治維新) 이후 서방 세계로부터 대량의 외래어를 들여오게 되는데 이 때 한자 서사체계(書寫體系)를 이용하여 외래어를 받아들였다. 일본에서 사용되던 외래어는 중국어로 유입되었는데 독음(讀音)과 의미 모두 일본어 외래어와는 다르게 사용되었다.

2. 공시적 분류

고대 중국 시기에 외국으로부터 들여온 사물을 표현하고자 할 때 가장 자주 쓰이는 방법은 사물 명칭에 '胡'자를 첨가하는 것이었다. 예를 들면 '豌豆'는 서호(西胡)에서 가져온 것으로 '胡豆'라고 칭하였다. 이러한 외래어 명칭 방법은 비록 편리하지만 문제점을 지니고

---

4) 오사운동(5·4運動)은 1919년 5월 4일 중국 베이징의 학생들이 일으킨 항일운동이자 반제국주의, 반봉건주의 혁명 운동이다.

있다.

첫째, 외래어로 사용하는 사물이 중국에도 이미 존재하여야 한다. '弓', '瓜', '椒', '牀', '桃', '兵' 등은 중국에 이미 있었던 것으로 '胡', '洋', '夷'자 등을 붙여 중국에 이미 있는 사물과는 차별되는 외래어를 만들 수 있다. 그러나 중국에는 존재하지 않는 사물일 경우 이러한 방법으로 외래어로 표현할 수 없다. '葡萄', '琵琶', '玻璃', '和尙', '比丘尼' 등이 그러한 예이다.

둘째, 중국에 이미 존재하는 사물이라 할지라도 '胡', '洋', '夷'자 등을 붙여 표현하는 데는 한계가 있다. 예를 들어 주류(酒類)인 경우 종류도 많을 뿐만 아니라 생산지 또한 다양하여 위와 같은 방법으로 '胡', '洋', '夷'자 등으로 일괄적으로 나타낸다면 혼란을 야기할 위험이 있다. 따라서 다른 방법을 통하여 외국에서 유입된 사물이나 관념을 표현해야 할 필요가 있다.

2.1. 순음역(純音譯)

중국에 존재하지 않는 사물이나 관념을 새로 도입하는 경우 그에 합당한 단어가 중국어에 존재하지 않는 경우가 많다. 이런 상황에서 사람들은 종종 순음역(純音譯)을 사용하여 외래어를 만든다. 순음역어는 외국어 어휘의 발음 특징에 근거하여 그 독음과 가장 유사한 중국어 단어나 어소를 이용하여 음역하는 것이다. 순음역어는 외래어를 구성하는 한자의 의미를 고려하지 않고 오직 음만을 고려하는 방식으로 외래어를 도입하는 초기에 사람들이 즐겨 사용하는 것이다.

순음역은 비교적 손쉽고 직접적일 뿐만 아니라 이국적 정서까지 포함하고 있어 중국어 어휘를 풍부하게 하는 데 기여한다.

순음역이 편리하여 외래어 도입 초기에 선호되는 방식이기는 하지만 중국어 외래어 역사 이래 순음역어가 차지하는 비율은 의역어에 비하여 매우 낮다. 이것은 사람들이 외국에서 들여온 사물이나 사상 등을 초기에 중국어로 들여올 때 그것들의 진면모나 담겨진 의미에 대하여 정확히 이해할 수 없기에 간편한 순음역어를 택하는 것으로 보인다. 순음역어는 말하기에 매끄럽지 않은 점이 있고 글자를 보고 대강의 뜻을 짐작할 수 없는 단점이 있다. 그리하여 일정 기간이 지나면서 사람들은 음역어 대신 의역어를 만들어 내게 된다. 예를 들어 20세기 초 중국에 들어온 '電話'의 경우 초기에는 '德律風'으로 영어의 telephone을 음역하여 사용하였는데, 후에 사람들은 더 이상 '전화'를 '德律風'이라고 하지 않고 '電話'로 일컫게 되었다. 순음역어가 음역어로 전환되는 경향이 있는데, 반드시 그러지는 않다. 예를 들면, 중국어는 영어의 logic을 의역하여 '名學'으로 중국어에 들여왔다. 그러나 후에 의역어 대신 순음역어인 '邏輯'이 만들어져 널리 사용되었다. 이것은 의역어인 '名學'이 영어의 logic이 내포한 의미를 완전하게 표현할 수 없기 때문에 외국어 어휘의 발음을 잘 표현한 순음역어가 의역어 대신 쓰이게 된 것이다.

순음역어는 일상생활과 밀접한 관련이 있는 인명, 지명, 국명 등에서도 자주 쓰이고 있다. 위의 고유명사들은 단어의 원래 의미를 고려할 필요가 없으므로 순음역을 한다. 그 외에 상표 이름도 순음역을 많이 사용하는데, 상표명을 의역할 수 없는 경우와 의역할 수 있

음에도 외국에서 들여온 것이라는 것을 알리기 위해 일부러 의역을
하여 사용하는 경우가 있다. 외국 화폐와 도량형 단위, 물리학 등에
서 순음역어가 자주 출현한다. 그 예는 다음의 (1)과 같다.

> (1) 盧比(rupee), 令(ream), 便士(pence), 爾格(erg), 品脫(pint), 邁(mile),
> 加侖(gallon), 蒲式耳(bushel), 西西(c.c), 噸(ton), 達因(dyne) 등

단위를 표시하는 외래어는 각국마다의 고유한 단위를 표시하는 제
도가 있으므로 단위 체계와 명칭에 있어서 동일한 경우가 드물다.
따라서 외래어 도입 초기에 순음역 방식을 사용한다(湯廷池, 1989).
　일상생활과 밀접한 관련이 있는 외래 문물에 관한 외래어가 있다.
그 예는 다음의 (2)와 같다.

> (2) 的士(taxi), 菲林(film), 巴士(bus), 沙發(sofa), 布丁(pudding), 撲克
> (poker), 麥克風(microphone), 夾克(jacket), 吉他(guitar), 咖啡(coffee),
> 可可(cocoa), 雪茄(cigar), 巧克力(chocolate), 白蘭地(brandy), 三明治
> (sandwich), 漢堡(hamburger) 등

위의 (2)에 제시된 예들 중에서 '咖啡'(coffee), '可可'(cocoa), '巧克
力'(chocolate), '沙發'(sofa), '白蘭地'(brandy) 등은 비록 한자 맞춤법 습
관에는 부합하지 않으나 중국어에서 살아남아 꾸준히 사용되고 있
다. 이것은 위와 같은 외래어들이 사람들의 생활과 밀접한 의식주
방면의 사물이므로 사람들의 생활에서 빠른 속도로 전파된 것과 관
련이 있다. 의식주(衣食住) 방면의 새로운 문물들이 사람들에게 익숙

해짐과 동시에 그것들을 표현하는 언어가 자연스럽게 사람들의 생활에서 받아들여져 사용되게 되는 것이다.

새로운 과학 기술이 사람들의 의식주 방면에서 널리 이용되고 있다. 따라서 일상생활에서도 과학 기술과 연관된 많은 외래어들이 보편적으로 사용되고 있다. '休克'(shock), '泵'(pump) 등이 예이다. 이러한 전문 용어와 관련된 외래어가 기본 어휘가 될 수 있을지는 일상생활과 관계가 밀접한지, 사용 기간은 얼마나 되는지, 사용 범위는 넓은지, 사용 빈도와 단어 형성 능력이 얼마나 되는지에 따라 결정된다(葛本義, 2002). 중국어 기본 어휘가 된 외래어 중에서 대다수는 이미 중국어 어휘 체계에 완전히 흡수되어 외래어인지 아닌지를 구별하기가 힘들다.

시효성(時效性)은 외래어가 일반 대중에게 받아들여져 널리 사용되다가 일정 기간이 지난 후 사람들의 인식이 바뀜에 따라 사용 범위가 줄어드는 것을 의미한다. 일반적으로 일상생활과 밀접하게 관련이 있어 지속적으로 쓰이는 외래어일수록 대중화의 기간이 길고 일상생활에서 지속적으로 쓰이는 기간이 짧은 외래어일수록 대중화의 시효성이 강하여 대중이 외래어를 사용하는 기간이 짧다. 예를 들어, '那摩溫'(number one)은 1949년 전 상해에서 사용되던 작업반장을 일컫는 외래어이었다. 그러나 작업반장이라는 개념이 사라지게 되면서 '那摩溫'이란 단어도 소멸되었다. 따라서 '那摩溫'는 대중화의 시효성이 매우 강하다고 할 수 있다.

'維他命'(vitamin)은 대중에게 알려지면서 보편적으로 사용되게 되었다. 비타민은 사람의 신진대사(新陳代謝) 활동과 밀접하게 연관이

있어 일상생활에서 지속적으로 쓰이고 있다. '維他命'과 같이 시효성
이 비교적 약한 외래어는 본래의 전문성을 점차 상실하며 일반적으
로 사용되며 일상생활에서 사용하는 중국어 기본 어휘가 된다.

　순음역어 중에는 원래 외국어 어휘의 발음과 차이가 많은 경우가
있다. 이것은 주로 방언의 영향으로 많은 중국어 외래어들은 월방언
(粵方言)5)과 오방언(吳方言)을 통해 들여온 것들이다. 광주(廣州), 복건(福
建), 절강(浙江), 강소(江蘇) 등 연해 지역을 통해 서방의 선교사, 상인,
모험가와 군인들이 중국으로 왔다. 1842년 아편 전쟁이 끝난 후 광
주(廣州), 복주(福州), 하문(廈門), 영파(寧波), 상해(上海) 등지의 시장이 개
방되면서 서방과의 교역이 늘어났다. 이와 같이 사회가 발전하는 과
정에서 특정 방언이 특수한 조건에 처하게 되면서 특정 언어에 대한
수요가 증가하게 되었다. 월방언과 오방언은 사회적 필요에 의하여
중국어 언어 사회에서 강한 영향력을 가진 언어가 되었다. 현대중국
어의 외래어 중에서 상당수가 홍콩, 광주, 하문과 상해 등지에서 유
입되었다. 그 예는 다음의 (3)과 같다.

　　(3) 嘜(mark), 的士(taxi), 菲林(film), 水門汀(cement), 巴士(bus), 杯葛
　　　　(boycott), 噸(ton), 磅(pound), 咖啡(coffee), 沙發(sofa), 三明治
　　　　(sandwich), 巧克力(chocolate), 布丁(pudding), 馬賽克(mosaic), 凡士
　　　　林(vaseline), 賽璐珞(celluloid), 摩登(modern), 雪茄(cigar) 등

---

5) 월방언은 중국 장쑤와 저장 대부분의 지역과 장시 일부 지역에서 쓰이는 방언이다.

이상의 (3)에 제시된 외래어들은 월방언이나 오방언으로 읽으면 원음과 가장 흡사하고, 표준 중국어로 읽으면 원음과 차이가 있다. 이것들은 중국으로 처음 유입될 당시 월방언이나 오방언 지역을 통해서 다른 지역으로 전파되었다. 이 외래어들 중에서 상당수가 이미 현대중국어의 일상용어로 쓰이고 있다. '沙發'(sofa), '三明治'(sandwich), '巧克力'(chocolate), '布丁'(pudding), '馬賽克'(mosaic), '凡士林'(vaseline) 등이 그 예이다.

'賽璐珞'(celluloid), '菲林'(film), '水門汀'(cement) 등은 일상생활에서 거의 사용되지 않으며, 이것들은 중앙연구원에서 편찬한 "平衡語料庫"에도 수록되어 있지 않다. '菲林'은 초기 영화가 사용하는 필름을 나타냈으나 현재 거의 사용되지 않고 있으며, '電影軟片'나 '軟片'으로 의역하여 사용하고 있다. '水門汀'(cement)은 1949년 이후 '水泥'로 의역하여 사용하고 있다.

오방언에는 음역어가 특히 많다. 鄒嘉彦·遊汝傑(2001)에서 자료를 가지고 비교 조사한 결과 오방언에서는 음역어가 9개이고, 표준 중국어에서는 음역어가 5개에 그쳤다. 鄒嘉彦·遊汝傑(2001)에서는 오방언에서 음역어가 많이 나타나는 것을 문화의 포용성과 수입 방식에 연관시켜 설명하고 있다. 오방언 지역은 표준 중국어를 사용하는 내륙 지역에 비해 일찍 서방과 교류 시작하였고 교역 규모 또한 비교적 컸다. 특히 오방언 지역에 속하는 홍콩은 오방언 지역의 중심 역할을 담당하였다. 홍콩은 영국의 식민지 시기를 거치며 영어가 차지하는 사회적 지위는 오방언보다 훨씬 높았다. 王力(1987)에서는 오방언 지역의 사람들이 거의 홍콩과 싱가폴 등지에서 사용하는 영어의 영향을 받아서 음역어가 특히 많음을 밝혔다. '萬事得'(Mazda), '佳能'(Canon), '必勝客'(Pizza Hot) 등의 상표 이름이 오방언에서 온 것이다.

중국 연안의 월방언과 오방언 지역에는 피진(pidgin) 현상도 나타난 다. 피진은 외국어가 현지 언어의 영향을 받아 언어의 변이를 일으 키는 것으로 구어 형식으로만 존재하며 현지인과 외국인이 교류하는 특수한 상황에서만 사용된다. 또한 피진은 모국어로 인정되지 않는 다. 양징방어(洋涇浜語)는 상하이식 영어로 조계지인 양징방(洋涇浜)에 서 유행한 중국어가 섞인 순수하지 못한 영어로 대표적인 피진 영어 이다. 18세기부터 영국과 중국 연안 지역과의 무역 교류가 늘어나면 서 형성되었는데, 양징방어는 중국인들 사이에서는 사용되지 않고, 중국인과 외국인과의 교류에서만 사용되었으므로 외래어에 속하지 는 않는다. 그러나 양징방어 중 일부는 장기간의 사용을 통해 중국 어로 흡수되어 중국어 기본 어휘가 된 것도 있다. 기본 어휘가 된 양 징방어는 광동, 복건 지역 등지에서 즐겨 사용되고 있으며 심지어는 표준어에서도 나타나고 있다. '芝士'(cheese), '三文治'(sandwich) 등이 그 예이다.

李文平(1998)에서는 고대가 현대에 비해 외래어의 비율이 높았다고 한다. 그 예로 서역에서 들여온 '葡萄', '苜蓿', '石榴', '菩薩', '羅汗', '閻羅' 등이 있다. 소수민족에게서 들여온 '胡同', '戈壁', '褡褳', '達 賴', '哈達', '喇叭' 등이 모두 순음역어이다. 이러한 외래어들은 장기 간 사용하게 되어 형식상 외래어로서의 특징을 상실하였다. 고대 중 국인들은 음역어를 만드는 과정이 현대중국어에서와는 다름을 보여

준다. 고대 중국인들은 이미 존재하는 한자를 이용하여 음역한 것이
아니라 형성자를 직접 만들어 번역에 사용하였다. 따라서 외국어 어
휘를 음역으로 들여올 때 한자 의미까지 고려하여 음(音)과 의미가
모두 통할 수 있는 한자를 만들었다. 따라서 사람들이 이러한 외래
어를 접했을 때 한자에서 의미를 짐작할 수 있도록 하였다. 겉으로
봤을 때는 중국어 고유 단어와 구별하기가 어려웠다.

  '袈裟', '喇叭', '茉莉', '琵琶', '琉璃', '葡萄', '苜蓿' 등의 외래어에
쓰이는 한자는 외래어가 만들어지기 전에는 존재하지 않았다. 이러
한 한자들은 외래어를 중국어로 들여오면서 원래 어휘의 의미를 한
자를 통해 전달하고 동시에 원래 어휘의 음을 나타나기 위하여 만들
어진 것이다.

  번역을 위해 한자를 만드는 방법은 근대와 현대에 이루어진 번역
작업에도 지대한 영향을 미쳤다. 강남제조국 번역관에서는 자주 사
용되는 한자에 편방을 추가하여 새로운 한자를 만들고 본래의 음으
로 읽는 번역 방법을 택하였다(馬祖毅, 1998). 이를 통하여 '鎂', '鉮',
'矽' 등의 한자가 탄생하였다. 그 외의 예는 다음 (4)와 같다.

  (4) 磅(pound), 鎊(pound), 咖啡(coffee), 嗎啡(morphine) 등

  영어 pound는 중량 단위로도 쓰이고 화폐 단위로도 쓰인다. 그런
데 중국어는 pound 어휘를 받아들이면서 중량 단위로 쓰이는 pound
는 '石'방을 이용하여 '磅'이라고 하였고, 화폐 단위로 쓰이는 pound
는 '金'방을 사용하여 '鎊'이라고 하였다. 영어 한 단어가 두 가지 의

미를 지닌데 반하여 중국어에서는 구별하여 사용하고 있다. '咖啡'에서 '咖'자 또한 커피를 중국어로 들여오기 전까지는 존재하지 않는 한자였다. '加喱', '啤酒', '噸' 등도 이에 속한다.

'口'는 음역어의 편방으로 자주 쓰이는데 이것은 '口'가 한자의 의미에는 영향을 끼치지 않으면서 사람들에게 '口'를 포함한 단어가 음역어라는 것을 표시해 주는 역할을 하고 있다. '口' 편방을 한자에 첨가하여 음역하는 경우는 예전부터 이용되어 왔다. 고대 산스크리트어로부터 들여온 불경에서도 '波吒'(vasistha), '波哆迦'(pataka), '吒囉弭多'(paramita) 등이 '口'를 한자 편방으로 사용하고 있다.

요컨대 다수의 순음역어는 외국 문화와 과학 문명과 밀접한 관련이 있다. '米'(meter), '打'(dozen), '磅'(pound), '噸'(ton) 등 도량 단위에서 '柯達'(kodak) 필름, 최신 '克隆'(clone) 기술에 이르기까지 순음역어는 다양한 방면에서 유입되고 있다. 또한 순음역어는 사람들의 생활 깊숙이 들어와 사용되고 있다. '沙發'(sofa), '撲克'(poker), '坦克'(tank), '雷達'(radar) 등은 이미 중국어 기본 어휘가 되어 자연스럽게 사용되고 있다.

2.2. 반음반의역(半音半意譯)

순음역은 간편하고 손쉽기 때문에 많은 이점을 가진다. 그러나 순음역을 사용할 경우 생기는 문제점들도 있다. 우선 추상적인 용어 등을 처음 중국어로 도입해 올 때 사람들은 생소함을 느끼고, 순음역어는 중국어의 단어 형성 규칙에 따라 생성된 단어가 아니기 때문에 발음하기가 매끄럽지 못하다. 그리하여 도입 초기 사람들에게 반감을 살 수 있었다. 서양 분위기가 물씬 풍기는 순음역어 대신 음역(音譯)과 의역(意譯)을 결합하여 반음반의역어(半音半意譯語)로 들여오는 경우가 있다. 반음반의역어는 음역한 부분은 외국에만 있는 명칭이고 의역한 부분은 중국과 외국에 모두 있는 것이다. 예를 들어, '千克'(kilogram), '千瓦'(kilowatt), '分貝'(decibel) 등이 있다. 반음반의역어(半音半意譯語)에서 음역(音譯) 부분은 중국어의 단어 형성 규칙과 맞지 않으므로 의역(意譯) 부분에서 단어의 의미를 얻어야 한다. '迷你裙'(mini skirt), '霓虹燈'(neon sign) 등 소수의 반음반의역어에서 음역을 하면서 의미를 고려한 것을 알 수 있다. 음(音)과 의미를 모두 고려한 반음반의역어는 중국어의 단어 형성 규칙에 부합하여 널리 사용되고 있다. 반음반의역어의 예는 다음의 (5)와 같다.

(5) 拓撲學(topology), 珂羅版(collotype), 華爾街(wall-street), 迷你裙(mini skirt), 霓虹燈(neon sign) 등

반음반의역어는 일반적으로 다음절(多音節)로 이루어진 단어가 많다. 세 음절(音節) 이상으로 형성된 것이 대부분이다. 음역한 부분은 이음절(二音節) 혹은 삼음절(三音節)이 가장 많은데, 의역한 부분이 더해지면서 음절이 더 늘어나기도 한다. 음역어에 중국어 어소(語素)를 첨가한 외래어는 다음절일 경우 앞 혹은 뒤에 종류를 나타내는 중국어 단어가 종종 생략되는데, 반음반의역어는 다음절이더라도 생략되는 경우가 드물다. 이것은 음역어에 중국어 어소를 첨가한 외래어는

중국어 어소가 단어의 의미를 보충하는 역할을 하며 첨가되는 것에
비해 반음반의역에서 의역 부분은 단어의 의미를 나타내는 중요한
역할을 하기 때문이다.

2.3. 음역어에 중국어 어소를 첨가한 외래어

음역어가 나타내는 사물과 의미에 익숙해짐에 따라 사람들이 단어
의 형식에 관심을 갖게 된다. 중국인들은 중국의 전통적인 단어 형
성 규칙에 부합하지 않는 음역어(音譯語)를 중국어에 맞도록 바꾸고자
한다. 한자(漢字)는 표의문자(表意文字)이므로 사람들은 음역어를 접하
면서 자연스럽게 음역어에 쓰인 한자에서 단어의 의미를 찾고자 하
는 경향이 있다. 또한 사람들은 단어에 쓰인 한자에서 의미를 얻음
으로써 더욱 쉽게 단어를 기억하고 받아들일 수 있게 된다. 음역어
에 중국어 어소(語素)를 첨가한 외래어는 이러한 사람들의 욕구를 충
족시키기 위해 생기게 된다.

음역어에 중국어 어소를 첨가한 외래어가 반음반의역어와 다른 점
은 반음반의역어의 음(音)과 의미 성분은 모두 외국어 어휘에서 직접
온 것으로 외국어 어휘를 중국어로 받아들일 때 단어의 일부분은 음
역을 하고 나머지 부분은 의역을 하여 서로 다른 방식을 취한다. 이
에 반하여 음역어에 중국어 어소를 첨가한 외래어는 중국어 어소가
단어의 의미를 명확하게 하기 위하여 첨가된 것으로 단어의 종류를
나타내기 위해 사용된다. 따라서 종류를 나타내기 위하여 나중에 첨
가된 중국어 어소는 단어를 이루는 필수 성분이 아니기 때문에 생략

이 가능하다. 예를 들어, '高爾夫球'(golf), '卡片'(card), '恤衫'(shirt), '吉普車'(jeep), '奧林匹克運動會'(olympics) 등에 쓰인 '球', '片', '衫', '車', '運動會' 등은 모두 중국어에 원래 존재하는 어소이다. 만일 종류를 나타내는 어소를 사용하지 않고 '吉普車'를 '吉普'라고 해도 '吉普車'의 의미를 담고 있다. '車'는 외래어 도입 초기에 사람들이 단어의 의미를 오해할 것을 우려해서 이해를 돕기 위해 뒤에 첨가한 것이다.

언어는 항상 간결한 방향으로 발전한다. 현대중국어의 특징 중 하나는 다음절(多音節)에서 쌍음절(雙音節)로 변화하는 것이다. 따라서 다음절로 이루어진 음역어에 중국어 어소를 첨가한 외래어는 오랫동안의 사용 기간을 거쳐 단어의 의미를 명확히 하기 위해 첨가된 중국어 어소는 점차 불필요하게 되어 사라지게 된다. '威士忌酒', '坦克車', '雪茄煙', '撲克牌' 등은 이미 사용 과정을 거쳐 음역어에 중국어 어소를 첨가한 외래어에서 '威士忌', '坦克', '雪茄', '撲克' 등의 순음역어로 바뀌었다(張德鑫, 1996).

그런데 음역어에 중국어 어소를 첨가한 외래어에서 중국어 어소가 생략될 수 없는 경우도 있다.

첫째, 음역 부분이 단음절일 경우이다. 중국어는 쌍음절로 이루어진 단어를 선호하기 때문에 단음절로 이루어진 음역에 단어의 종류를 나타내는 단음절 중국어 어소가 첨가될 경우 중국어의 단어 형성 규칙에 부합하게 된다. '啤酒'(beer), '卡車'(car) 등이 예이다.

둘째, 의미를 나타내는 중국어 어소가 생략될 경우 단어 이해가 어려운 경우이다. '卡賓槍'(carbine), '達姆彈'(dumdum) 등이 예이다.

셋째, 의미를 나타내는 중국어 어소가 생략될 경우 오해의 소지가 있는 경우이다. 영어는 종종 특정 민족과 그 민족의 언어를 한 단어를 사용하여 나타낸다. Indian은 '印第安人' 혹은 '印第安語'가 될 수 있으며, Eskimo는 '愛斯基摩人' 혹은 '愛斯基摩語'이 될 수 있다. 이러한 예와 같이 단어의 의미를 나타내는 '人' 혹은 '語'가 생략될 경우 혼란을 일으킬 수 있다. 또한 '爵士樂'(jazz)의 경우 '樂'을 생략하면 '爵士'(sir) 혹은 '爵士'(jazz)로 이해할 가능성이 있다. 따라서 상황에 따라 중국어 어소가 생략될 수 없음을 알 수 있다.

　음역어에 중국어 어소를 첨가한 외래어에서 표의(表意) 부분은 단어 앞 혹은 뒤에 첨가되는데 일반적으로 뒤에 첨가되는 경우가 많다. 앞에 첨가되는 예로는 '車胎'(tire), '酒吧'(bar) 등이 있다. 두문자어(頭文字語)로 이루어진 외래어도 음역어 뒤에 중국어 어소를 첨가한 경우가 있다. 예를 들어 '丁克族'(DINK-double income no kids), '愛滋病'(AIDS-Acquired Immune Deficiency Syndrome) 등이 있다.

　요컨대 음역어에 중국어 어소를 첨가한 외래어의 대다수는 외국 문물과 관련이 있다. 인명, 지명뿐만 아니라 도량 단위, 음료, 식물, 동물, 차량, 공구, 무도, 음악, 구기 경기 등을 포함한다. 음역어에 중국어 어소를 첨가한 외래어는 음역 부분에 중국어 어소가 추가됨으로써 이음절 혹은 다음절로 이루어진 경우가 많다. 이음절(二音節)로 이루어진 음역어에 중국어 어소를 첨가한 외래어로는 '卡車'(car), '啤酒'(beer), '酒吧'(bar) 등이 있다. 다음절(多音節)로 이루어진 외래어로는 '威斯忌(酒)'(whisky), '白蘭地(酒)'(brandy), '坦克車'(tank), '吉普車'(jeep), '高爾夫(球)'(golf) 등 삼음절 이상으로 이루어진 음역어에 중국어 어소를 첨가한 외래어는 중국어의 쌍음절화(雙音節化)의 영향으로 '坦

克'(tank), '吉普'(jeep) 등과 같이 의미를 나타내는 중국어 어소가 사라지는 경우가 많다. 이를 통하여 음역어에 중국어 어소를 첨가한 외래어는 계속 변화하고 있음을 알 수 있다.

2.4. 음의겸역(音意兼譯)

중국에는 존재하지 않는 새로운 사물을 중국으로 들여올 때 중국어에서 그 사물을 나타내는 단어가 없기 때문에 음역(音譯)이나 의역(意譯)의 방법으로 단어를 번역해야 한다. 앞에서 살펴본 바와 같이 음역과 의역 모두 이점이 있는데 문제점도 동시에 존재한다. 음역의 경우는 단어의 음(音)에 치중하여 번역하기 때문에 단어의 의미를 소홀히 하게 된다. 의역의 경우 단어의 의미에 근거하여 번역하기 때문에 단어의 음은 고려하지 않게 된다. 이런 점을 보완하기 위해 탄생한 방법이 음의겸역(音意兼譯)이다.

음의겸역어(音意兼譯語)는 음역의 범주에 속하는 것으로 우선 음역을 한 후 해당하는 중국어 중에 가장 원래 단어의 의미적 특징을 나타낼 수 있는 한자를 선택한다. 중국인들은 글자에서 뜻을 연상할 수 있으며 음까지 고려한 음의겸역을 순음역보다 이상적이라고 여긴다. 그런데 음의겸역은 음과 의미를 동시에 고려해야 하기 때문에 모두 만족시키지 못하는 결과를 초래하기도 한다. 의미 간 연결이 어설프거나 견강부회하는 경우가 있다. 음역에 있어서도 원래 단어와 동일한 음이 아니라 비슷한 음을 사용하고 심지어는 원래 단어 발음의 일부분이나 발음의 방법이 비슷한 음(音)을 그대로 가져다 쓰는 경우가 있다. 음의겸역어인 '烏托邦'(utopia)에서 '邦'자는 의미를 고려하기 위해 사용되었지만 발음면에서 억지로 가져다 쓴 감이 있다.

음의겸역어(音意兼譯語)는 단어의 음과 의미를 모두 고려해야 하는데 이러한 작업이 제대로 이루어지지 않았을 경우 단어의 의미를 잘못 이해하게 된다. 예를 들어, '嬉皮'(hippie; hippy)는 음의겸역어인데 원래 단어의 의미를 잘 담고 있지 못하여 오해를 불러일으킬 수 있는 경우이다. 비록 히피들이 현에 불만을 가지고 보통 사람들과 달리 생활을 하며 보통 사람과는 다른 복장을 하고 있기는 하지만 그들이 모두 히죽거리며 진지하지 않은 것만은 아니다. 그들 중에는 사회 문제에 관심을 가지고 진지한 태도를 보이는 이들도 있다.

음의겸역어(音意兼譯語)는 복잡한 번역법이라고 할 수 있다. 음의겸역(音意兼譯)은 기준이 정해 있지 않아 음역(音譯)과 의역(意譯)을 어느 정도까지 해야 적절한지는 단어를 만드는 사람의 주관에 달려 있다. 또한 음의겸역을 하기 위해서는 많은 시간과 노력을 기울려야 하기에 전파력이 그다지 강하지 않다. 어떤 이들은 음의겸역어(音意兼譯語)가 불필요한 연상을 일으키게 할 수 있기 때문에 음의겸역을 지양해야 한다고 주장한다. 그런데 중국어의 기본 어휘가 된 음역어(音譯語)들의 대부분이 음의겸역어라는 점을 어렵지 않게 알 수 있다. 동시에 한자(漢字)에는 동음자(同音字)가 상당히 많다. 동일한 음을 지닌 한자가 많은 상황에서는 한자의 의미를 고려할 수 있는 여건이 조성된다. 음의겸역은 다른 방식에 비해 노력을 들여야 함에도 불구하고 이러한 과정을 거쳐 중국어에 들어온 음의겸역어는 음역어이지만 중

국어 단어인 듯한 어감을 줄 수 있다. 다음의 (6)은 음(音)과 의미가
비교적 조화롭게 고려되어 형성된 음의겸역어의 예이다.

(6) ① 芒果(mango) : '芒'자의 '艸'는 식물을 연상시키며, 독음과
비슷하고 뜻까지 통하는 '果'를 결합하여 형성된 단어이다
(史有爲, 2000).

② 俱樂部(club) : 모두가 그 곳에 모여 오락하는 곳(大家俱在那
裏娛樂的地方)임을 연상할 수 있는 단어이다(吳聖熊, 1988).

③ 引得(index) : 인도하여 그것을 얻음(引導而得之)을 연상시키
는 단어이다(姚榮松, 1992).

④ 邏輯(logic) : '邏'자는 순찰의 의미를 나타내며 일정한 노선
을 따라 행동한다는 의미를 지닌다. '輯'은 편집을 나타내
고 일정한 순서에 의해 행동한다는 의미도 지닌다(史有爲
2000).

⑤ 幽默(humor) : '흥미가 있거나 웃기며 의미심장하다'라는
의미를 나타내는 단어이다.[6]

⑥ 托福(TOFEL) : 청년들이 토플 시험에 통과하는 것을 유학
을 가기 위한 하나의 필수 과정으로 여기기 때문에 자신
들의 행복을 토플 시험에 맡긴다(伍卓, 2001).

⑦ 席夢思(simmons) : 침대에서 쉽게 잠들고 편히 잔다는 것을
연상시키는 단어이다.

⑧ 維他命(vitamin) : 타인의 생명을 유지시킬 뿐만 아니라 너
와 나의 생명도 유지시킨다는 것을 연상시키는 단어이다

---

6) 吳聖熊(1988)에서는 '웃기는 사람은 자기가 웃지 않는 것이 아니라 남을 웃기는 것
이라며 웃기는 사람은 따라서 은밀하고(幽) 묵묵하다(默)'라고 한다.

(吳聖熊, 1988).

⑨ 幽浮(UFO) : 미확인 비행물체로 '幽'는 '은밀하다'라는 뜻을 나타내며, '浮'는 '공중에서 이리저리 떠다니다'를 뜻한다(李南衡, 1985).

⑩ 基因(gene) : 기본인자(基盤的因子)를 연상시키는 단어이다.

邏輯(logic)과 같은 음의겸역어는 음절 구조와 단어 형태 방면에서 중국어의 어휘 체계에 부합하는 것이다. 앞의 (6)와 같은 음의겸역어(音意兼譯語)들 가운데 일부는 중국어 기본 어휘로 수용되어 합성어나 파생어를 만들어낸다.

음의겸역어 중 다수는 음과 의미 간의 관계가 긴밀하지 못하여 글자에서 단어의 의미를 유추해내기 어렵다. 그런데 사람들은 한자에서 원래 어휘가 의미하는 사물이나 관념의 일부 특징들을 찾아내어 단어 의미와 연관시키기도 한다. 예를 들어, '滴滴涕'(DDT)는 '氵'에서 사람들은 이것이 액체이고 독성 약품인 것을 연상할 수 있다. 다수의 순음역어(純音譯語)가 위와 같은 방법으로 음의겸역어(音意兼譯語)가 되기도 한다. '三明治'(sandwich)를 많은 사람이 이미 음의겸역어라고 여기는데 '三明治'는 본래 순음역어이다. 시간이 지남에 따라 사람들은 '三'에서 의미를 찾아내었고 이로부터 '二明治'(고기를 두 조각의 빵 사이에 끼운 것)라는 단어를 만들어내었다. '坦克'(tank)와 '休克'(shock)도 그러한 예에 속한다. 사람들은 '坦克'에서 단단하게(坦) 정복하다(克)를 연상하게 되었고, '休克'에서 멈추다(休)를 연상하였다. 이러한 순음역어는 음절 구조나 단어 형태면에 있어서도 중국어 전

통 어휘와는 상당한 차이가 있음에도 오래 사용하는 동안 음의겸역
어가 된 것이다. 산스크리트어(梵語)로부터 들여온 '一利那'가 순음역
어이었음을 아는 이는 거의 없을 것이다. 앞 절에서 음역어에 중국
어 어소를 첨가한 외래어가 계속 변화하고 있듯이 음의겸역어 또한
계속 변화하고 있음을 알 수 있다.

'俱樂部'는 중국어가 일본어에서 영향을 받은 것을 잘 보여 주는
예이다. 1840년 서방이 아편 전쟁으로 중국을 강제로 개방시킨 이후
중국은 서방 문명의 영향을 수동적인 입장에서 받아들이는 한편 일
부 중국의 지식인들이 주동적으로 미국이나 일본 등지로 유학을 가
외국 문물을 받아들이게 된다. 이 시기의 중국 사람들은 일본으로
유학을 가는 경우가 많았으며 그들은 많은 일본 외래어를 중국으로
들여왔다. 일본은 일찍이 중국의 한자를 빌려 서양의 여러 용어들을
일본으로 유입하였다. 이러한 외래어들이 일본을 거쳐 다시 중국으
로 들어오게 되었다. 그것들은 한자의 자형으로 이루어졌기 때문에
일본어의 느낌이 전혀 없으며 중국 전통 어휘와도 분별이 힘들다.

王力(1980)에서는 중국의 한자를 이용한 일본의 외래어는 진정한
외래어가 아니라고 한다. 이러한 외래어는 중국이 일본에서 단어를
빌려 온 것이 아니라 일본어에만 존재하는 단어가 아니라고 하며 서
양에서 들여온 개념만이 새롭다고 할 수 있다고 한다. 일본에서 들
여온 중국어 외래어는 일본이 서양의 신개념을 번역한 것을 중국어
로 번역하는 시간 낭비를 줄이기 위하여 들여온 것이라고 한다. 중
국인이 일본 외래어를 들여올 때는 한자만 차용했을 뿐 발음은 들여
오지 않았다. 高明凱·劉正埮(1984)에서는 중국어와 일본의 한자 외

래어를 분별하기 힘들고, 중국과 일본이 밀접한 관계를 가지고 교류를 한 역사가 길어 상호 간 어휘를 빌려 쓰는 경우가 많고 복잡하다고 한다. 또한 문헌 자료조차 복잡하여 분류하는 것이 쉽지 않다고 한다.

일본의 한자 외래어는 현재에도 중국어에서 차지하는 비율이 상당하다. 이것들 중에는 서양 문화에 관한 단어가 대부분이다. 이것은 일본이 서양 문물을 중국보다 먼저 받아들였음을 뒷받침해 준다.

음의겸역어에는 두문자어(頭文字語, acronym)도 있다. 음의겸역어인 두문자(頭文字) 중에는 두문자(頭文字)를 구성하는 한자에서 사물에 대한 특징이나 관념에 대한 정보를 얻을 수 있는 경우가 있다. 그 예를 들어 보면 다음의 (7)과 같다.

(7) 托福－TOFEL ＜ T(est) o(f) E(nglish) as F(oreign) L(anguage)

雷達－radar ＜ ra(dio) d(etecting) a(nd) r(anging)

雷射－laser ＜ l(ight) a(mplification) by s(timulated) e(mission) of r(aditation)

幽浮－UFO ＜ U(nidentified) F(lying) O(bject)

聲納－sonar ＜ so(und) na(vigation) r(ange)

滴滴涕－DDT ＜ D(ichloro-) D(iphenyl-) T(richloroethane) 등

중국어가 두문자어(頭文字語)를 번역하는 방법은 두 가지가 있다.

첫 번째는 각각의 자모의 발음에 따라 음역하는 것이다. '滴滴涕'(DDT)가 그 예이다.

두 번째는 병음 방법을 따라 음역하는 것이다. 그 예로 '聲納'(sonar)과 '托福'(TOFEL) 등이 있다.

어떤 방식을 택하는가는 영어를 어떤 방식으로 읽느냐에 따라 결정되는데, 徐進(1990)에서 밝혔듯이 전자를 택하는 경우가 많다.

요컨대 음(音)과 의미를 동시에 고려하는 음의겸역어는 단어를 만드는 데 드는 시간이 많이 걸린다는 점과 단어의 뜻을 중국어로 이상적으로 표현하기가 어려운 점 등의 이유로 수량이 많지 않다. 그럼에도 불구하고 한자의 표의문자의 특성을 잘 살린 음의겸역어는 중국어의 기본 어휘가 되어 중국어 어휘 체계를 풍부하게 하는 데 기여하고 있다.

2.5. 서양 자모자

서양 자모자(字母字)와 중국어 어소(語素)가 함께 사용된 외래어는 최근 들어 급속하게 늘어나고 있다. 서양 자모자와 중국어 어소가 함께 사용된 외래어는 단어를 중국어로 들여오는 과정에서 내부 형식상의 가공을 거치지 않는다. 서양 자모자와 중국어 어소가 함께 사용된 외래어는 이전에도 있었는데, 그 수량이 많지 않아 사람들의 관심을 받지 못하였다. 그런데 최근 들어 사람들이 즐겨 사용하는 방식이 되었다. 서양 자모자와 중국어 어소가 함께 사용된 외래어는 과학, 사회, 경제, 교육, 체육, 일상생화 등의 다방면에서 널리 쓰이고 있다.

음역어는 한자와 단어의 의미간의 차이가 있으나 한자를 사용하여 음역하였기 때문에 중국인들에게 동질감을 준다. 그런데 서양 자모자와 중국어 어소가 함께 사용된 외래어는 외국어의 자모를 사용하였기 때문에 이 형태의 외래어가 중국어 어휘에 속하지 않는다고 주장하는 이들도 있다. 그들은 서양 자모자와 중국어 어소가 함께 사용된 외래어는 중국어로 의역해야 한다고 한다. 예를 들어 'DNA'는 '脫氧核糖核酸'으로 의역하고, 'CT'는 '電子計算機層掃描'로 의역하며, 'B超'는 'B型超聲診斷'로 의역하는 것이다. 이러한 단어들을 의역할 경우 단어가 길어지고 복잡하여 보통 사람들은 기억하기가 힘들다. 언어는 어휘를 늘려 가는 과정에서 가능한 한 간결한 방향으로 발전하여 가고자 한다. 중국어 또한 쌍음절(雙音節)인 단어를 선호하며 언어를 간결하게 변화시키고자 하는데, 이런 영향을 받아 복잡한 의역(意譯)들은 점차 사라지게 되고, 간결한 서양 자모자와 중국어 어소가 결합되어 형성된 외래어가 즐겨 사용되게 된다. 변화를 두려워하지 않고 유행을 추구하는 젊은이들은 서양 자모자와 중국어 어소가 결합되어 형성된 외래어와 같은 새로운 방식에 거부감을 가지지 않고 환영한다(胡曉淸, 1998). 또한 중국의 경제 사회가 날로 발전하면서 국제 교류를 편리하게 하기 위하여 'WTO', 'IBM' 등의 외래어를 자연스럽게 받아들이게 되었다.

서양 자모자와 중국어 어소가 결합되어 형성된 외래어에서 가장 자주 사용되는 자모는 라틴 자모(字母)이다. 영어는 세계 통용어일 뿐만 아니라 사용 인구가 상당히 많은 언어이므로 라틴 자모가 대다수를 차지한다. 鄧守信(1994)에서는 외래어는 문화 간 교류의 산물인데 두 문화가 크게 다를 경우 외래어를 들여오는 과정에서 많은 단계를 거쳐 사용하게 된다고 한다. 그러나 두 문화가 서로 가까워 공통점이 많이 있을 경우 사람들은 어떠한 과정도 거치지 않고 외래어를 바로 사용하기도 한다.

중국과 영어권 국가들의 경제, 문화 등 방면에서의 교류가 늘어남에 따라 그들 간의 문화적 거리감이 줄어듦으로써 서양 자모자와 중국어 어소가 결합되어 형성된 외래어가 계속 증가할 것이다. 또한 중국인들의 교육열이 높아짐에 따라 영어에 대한 이해도가 높아져 서양 자모자와 중국어 어소가 결합되어 형성된 외래어에 대한 거부감이 줄어들어 서양 자모자 외래어가 늘어나게 된다.

劉湧泉(1994)에서는 서양 자모자와 중국어 어소가 결합되어 형성된 외래어의 성질에 관해서 중국어 어소와 함께 사용된 서양 자모자로는 "B超", "卡拉OK" 등이 있으며, 서양 자모자로는 CD, UFO 등이 있는데 후자는 예전에는 없었던 새로운 형태의 외래어라고 한다.

중국어 어소와 함께 사용된 서양 자모자는 외국어 번역이 어려운 상황에서 손쉽게 쓰이는 방법으로 초기에 사람들은 중국식도 서양식도 아닌 중국어 어소와 함께 사용된 서양 자모자를 받아들이는 데 어려움을 느꼈다. 그런데 신문 매체 등에서 이 방법을 널리 이용함에 따라 사람들이 더 이상 거부감을 갖지 않고 자유롭게 사용하게 되었다. 오늘날 중국에서는 중국어 어소와 함께 사용된 서양 자모자는 서양 자모자로만 이루어진 외래어에 비해 더욱 환영받는 추세이다.

서양 자모자만으로 형성된 외래어는 과학 등 전문 분야 외에 사람들의 일상생활에서도 널리 사용되고 있다. 서양 자모자는 중국어 단어를 이루는 한자 간 존재하는 연결 관계가 존재하지 않으며, 대부분 영어 단어의 축약을 나타내고 있다. 'WTO'(World Trade

Organization), 'MBA'(Master of Business Administration), 'WWW'(World Wide Web), 'CT'(Computed Tomography) 등이 그러한 예이다.

중국어 어소와 함께 사용된 서양 자모자 외에 최근 들어 영어 단어를 직접 가져다 쓰는 현상이 있다. 특히 'internet', 'Windows', 'Word', 'Office', 'Excel' 등과 같은 컴퓨터 용어와 비교적 전문적인 용어가 필요한 분야에서 영어 단어가 많이 쓰이고 있다. 'bye-bye', 'OK', 'pass' 등의 단어도 일상생활에서 자주 쓰인다. 'bye-bye', 'OK', 'pass' 등의 단어는 중국어에 그것들에 상응하는 단어가 있음에도 불구하고 사용 빈도가 상당히 높은 것을 알 수 있다.

서양 자모자와 중국어 어소가 결합하여 형성된 외래어가 급속하게 증가함에 따라 대부분의 사람은 그러한 외래어에 쓰인 서양 자모자의 의미를 모르면서 그러한 외래어를 사용하기도 한다. 서양 자모는 추상부호로 외래어에 사용되는데, 순음역어가 한자를 추상부호로 사용하는 것과 흡사하다. 예를 들어 'WWW'은 영어를 잘 모르는 사람들에게는 같은 자모를 세 번 반복한 것에 불과하다. 이 외래어가 범세계 통신망(World Wide Web)이라는 것은 강제적으로 외워야 하는 것이다. 이러한 문제점은 사전에서 뜻을 정확하게 표기하여 그러한 외래어를 사용하는 사람들이 그 의미를 이해하고 이용하게 함으로써 해결될 수 있을 것이다.

서양 자모자와 중국어 어소가 결합하여 형성된 외래어는 명사 형태가 절대 다수이며, 중국어 어소가 함께 사용된 서양 자모는 한자 어소로 시작하는 경우가 적다. 서양 자모로 시작하거나 서양 자모로만 이루어진 외래어가 대다수이다. 또한 서양 자모자와 중국어 어소가 함께 사용된 외래어는 영어에서 들여온 경우가 가장 많다. 이것은 전 세계가 하나의 생활권이 된 현실에서 당연한 현상으로 보인다. 서양 자모자와 중국어 어소가 결합하여 형성된 외래어는 경제, 교육, 과학, 일상생활 등 다양한 방면에서 유입되었는데, 과학·교육·경제 방면과 관련된 외래어가 가장 많다. 각국 간의 교류가 더욱 활발해지고 새로운 문물이 계속적으로 생김으로써 서양자모자와 중국어 어소가 함께 사용된 외래어는 서양 자모가 가진 이점과 함께 더욱 늘어날 것이다.

중국에서 외래어를 받아들이는 방식이 매우 다양하며, 그것은 시대의 모습을 반영한다. 현대중국어의 '洋灰'(cement)는 중국 사회가 반봉건 반식민지화되는 과정에서 생긴 외래어이다. '灰'는 중국에 본래 있었던 것으로 여기에 '洋'자를 더하여 외국에서 수입하여 온 것을 나타내었다. '洋灰'는 중국으로 들어올 때 연안 지역을 통하여 들여왔는데, 광동 지역 사람들은 자신들이 쓰는 오방언(吳方言)을 이용하여 '洋灰'를 순음역하여 '士敏土'라고 하였다. 시멘트는 상해 지역의 항구를 통해서도 들어왔는데 그 지역에 사는 사람들은 월방언(粤方言)을 이용하여 '水門汀'이라고 하였다. '士敏土'와 '水門汀'이 한동안 유행하다가 이 순음역어들은 의역어로 대체되었다. 중국인들은 의역어인 '洋灰'를 다시 사용하다가 또 다른 의역어인 '水泥'를 만들어 사용한다. '洋灰'와 '水泥'가 함께 쓰이다가 40년대에 이르러 '洋灰'는 더 이상 쓰이지 않게 되고 '水泥'만 사용된다. 외래어는 언어적 특성뿐만 아니라 사회적, 역사적 여러 상황들의 영향을 받으면서 계속 진화한다.

제3장 현대중국어 외래어의 여러 양상

외래어는 일반 중국어 단어와는 다르게 외국에서 들여온 것이다. 따라서 외래어는 원래 외국어 단어가 지닌 음(音)이나 의미 등의 일부 혹은 전부를 나타낸다. 이러한 외래어는 중국어로 들어오면서 음(音), 의미, 형태 등에서 중국어 체계의 영향을 받게 된다. 이 장에서는 중국어 외래어의 양상(樣相)을 어법, 어음, 의미 방면에서 살펴보고자 한다.

1. 어법 방면

통시적 측면에서 살펴보면 중국의 어휘의 변화는 어음과 어법 방면에 비해 빠르고 대량으로 나타난다. 이는 어휘가 사람들의 일상생활과 가장 밀접한 관련이 있기 때문일 것이다. 공시적 측면에서 살펴보면 중국의 방언 간 차이는 어음(語音)이 가장 크고, 그 다음이 어휘(語彙)이며, 가장 차이가 적은 부분이 어법(語法)이다. 어법은 어휘와 어음 방면에 비해 변화에 있어서 보수적이고, 공시적 통시적 측면에서 상당한 일치성을 보이고 있다. 이 절에서는 중국어 외래어가 언어 요소 중에서 가장 안정적인 모습을 보이는 어법 방면에서 어떠한 특징이 있는지 살펴보고자 한다.

1.1. 형태

영어는 굴절어(屈折語)로서 성별, 수량, 격 등 형태 변화를 보여 준다. 영어의 단어가 중국어 외래어가 되기 위해서는 중국어의 어법 특징을 따라야만 한다. 중국어는 전형적인 고립어(孤立語)로 어법 범주의 형태 변화를 갖지 않는다. 따라서 중국어가 영어의 단어를 들여올 때 종종 어법 형식상의 변화를 가진다(高明凱・劉正埮, 1958). 중국어 외래어는 일반적으로 외국 단어의 어간 혹은 사전에서 나타나는 첫 번째 형식에 의거하여 중국어로 들여오게 되며, 외국 어휘가 보여 주는 여러 형태 변화는 하지 않는다. 그러한 예는 다음의 (7)과 같다.

(7) ① 夾克(jacket) : 영어 단어인 'jacket'은 단수, 복수의 변화가 있다. 그러나 'jacket'이 중국어로 들어오면서 이러한 형태 변화는 없어진다.

② 杯葛(boycott) : 영어 단어인 'boycott'는 인칭과 시제에 따른

형태 변화를 보여 주는데, 'boycott'가 중국어로 들어오면
서 이러한 변화는 사라진다.

중국어가 형태 변화를 보여 주는 외국어 단어를 들여올 때 일반적
으로 원래 단어의 원형을 기준으로 차용하게 된다. 그러나 비원형
형식의 단어를 들여오는 경우도 존재한다. 영어의 'penny'가 그 예이
다. 영연방 국가 화폐 단위의 명칭은 'pence'인데, 화폐의 단수 형식
은 'penny'이다. 초기 사람들은 이러한 단어들을 음역할 당시에는 복
수 형식은 '便士'라 하고, 단수 형식은 '便尼'라고 하였지만, 시간이
지남에 따라 '便尼'는 사라지고 '便士'만이 남아 단수와 복수 형식을
모두 나타내게 되었다.

중국어는 형태 변화가 부족하기에 품사를 분류하는 데 어려움이
있다. 중국어 단어의 품사를 정하기 위해서는 구법(句法) 기능에 대한
분석과 더불어 보충 작업이 필요하다. 예를 들어 단어 앞에 수량사
를 붙일 수 있지만, '很'이나 '不'을을 붙일 수 없고 '了'를 뒤에 붙일
수 없으며 서술어가 될 수 없는 것은 명사이다. 단어의 앞에 '很'을
붙일 수 있고, 단어의 뒤에 '了'와 '的'을 붙일 수 있으며, 편정 구조
(偏正構造)[1]에서 명사를 수식할 수 있고 서술어가 될 수 있다면 형용
사이다. 단어의 뒤에 '了'와 '的'를 붙일 수 있으며, 편정 구조에서
명사를 수식할 수 있고, 단어의 앞에 '不'은 붙일 수 있으나 '很'은
붙일 수 없고, 서술어가 될 수 있으면 동사이다.

---

[1] '편정 구조'를 '수식 구조'라고 일컫기도 한다.

중국어 품사(品詞)는 일반적으로 명사(名詞), 동사(動詞), 형용사(形容詞), 수사(數詞), 양사(量詞), 대사(代詞), 부사(副詞), 개사(介詞), 연사(連詞), 조어(助詞), 탄사(嘆詞), 상성사(象聲詞) 등 총 12종류로 나뉜다. 중국어 외래어는 품사 중에서 명사가 대다수를 차지하며, 형용사나 동사인 외래어가 약간 있다. 동사의 기능을 하는 외래어로는 '開司'(kiss), '夜冷'(yelling), '卡脱'(cut), '杯葛'(boycott), '屯併'(dump), '貼士'(tip), '拷貝'(copy), '派司'(pass), '休克'(shock) 등이 있다. 개사(介詞), 연사(連詞), 조어(助詞) 등과 같은 허사(虛詞)의 기능을 하는 외래어는 찾아보기가 어렵다.

언어마다 여러 종류의 품사 기능을 가진 단어들이 있다. 예를 들어, 영어의 'fire'는 명사도 되고 동사도 되며, 'home'은 명사·동사·형용사·부사 등이 될 수가 있다. 중국어에서도 '學習[xúe xí]'와 '報告[bào gào]' 등의 단어가 명사가 되는 동시에 동사 역할을 한다. 중국어의 실사(實詞)는 형태 변화가 부족하기 때문에 단어의 구법(句法) 기능이 비교적 유연하게 나타나 여러 품사 기능을 가진 경우가 비교적 많다. 그런데 중국어 외래어는 여러 품사 기능을 가진 경우가 소수에 불과하며 대부분 여러 품사 기능을 가진 단어가 기능을 축소하여 한 가지 기능의 품사 형식으로 들어온다. 그러한 예는 다음의 (8)과 같다.

(8) 嘜(mark), 的士(taxi), 菲林(film), 巴士(bus), 杯葛(boycott), 托拉斯 (trust), 水門汀(cement), 那摩溫(number one), 印第安人(Indi-an), 泵(pump), 馬達(motor), 拷貝(copy), 康拜因(combine), 三明治

(sandwich), 來復線(rifle), 爵士(jazz), 卡片(card), 引得(index), 磅, 鎊
(pound), 瓦斯(gas), 俱樂部(club) 등

위의 (8)에 제시된 예들은 영어 단어가 중국어로 들어오면서 품사
기능이 축소됨을 보여 준다. '那摩溫'(number one)과 '印第安人'(Indian)
등은 명사와 형용사 기능을 하는 영어 단어가 중국어로 들어오면서
명사의 기능만을 하는 것들이다. '馬達'(motor)은 명사와, 형용사, 동
사 등의 기능을 하는 영어 단어가 중국어로 들어오면서 명사의 기능
만을 하는 것이다. 중국어는 대부분의 여러 품사 기능을 하는 단어
에서 한 가지 기능만을 외래어로 유입하는 경향이 있다. '幽
默'(humor)은 특이한 경우이다. 영어에서 'humor'는 주로 명사와 동
사로 사용되는데, 중국어 외래어인 '幽默'는 주로 형용사나 이합식(離
和式) 동사로 사용된다. '太幽默了', '幽默極了', '幽不幽默', '幽了他一
默' 등이 그러한 예이다.

1.2. 조어 형식

조어법(造語法)은 새로운 단어를 형성하는 방법이다. 따라서 조어법
을 이용하여 한 단어가 사용하는 언어 재료와 수단을 분석하여 단어
가 형성되는 이유와 근거를 설명할 수 있다.

1) 형방(形旁)을 첨가한 형성자 형식

중국에서 외국어를 외래어로 수용하면서 우선적으로 고려하는 것이 원래 외국어 단어의 음과 비슷한 한자를 선택하는 것이다. 또한 중국인들은 전통적인 조어법을 사용하여 음역어를 개조하였는데, 이것은 음역어가 지닌 외국어의 느낌을 줄이기 위함이다. 동시에 표의(表意) 기능이 있는 한자를 사용함으로써 사람들은 외래어 단어에서 의미를 찾을 수 있게 된다. 예를 들어, '芒果', '茉莉', '葡萄', '木瓜' 등의 외래어는 단어에 포함되어 있는 '艸', '木'을 통해 식물을 나타내고 있음을 알 수 있다. 외래어인 '玻璃', '琉璃' 등은 '玉'을 통해 광물(鑛物)을 나타내고 있음을 짐작할 수 있다. 위와 같은 형성자(形聲字)들은 단어의 음과 의미를 모두 고려할 수 있으며, 한자 편방(偏旁)[2]의 표의(表意) 기능을 이용하여 문자 형식상 중국어로의 동화를 이끌어 외래어가 중국어에 쉽게 흡수될 수 있도록 도와준다.

외래어가 대량으로 들어오는 상황에서 형방(形旁)을 첨가한 형성자 형식의 외래어는 소수에 불과하다. 陳原(2001)에서는 새로운 한자를 만들어 외래어를 들여오는 방식이 문제점이 많다고 한다. 그는 화학 원소를 나타내기 위해 만든 한자들을 예로 들면서 보기에도 좋지 않을 뿐만 아니라 가독성도 떨어진다고 비판한다. 이를 통하여 위의 방법을 부분적으로 이용할 수 있으나 널리 사용되기에는 무리가 있다는 것을 알 수 있다.

---

2) 편방(偏旁) : 한자의 구성상 왼쪽 부분인 '편(偏)'과 오른쪽 부분인 '방(旁)'을 아울러 이르는 말이다.

2) 반음반의 형식

반음반의역(半音半意譯) 형식의 외래어는 단어의 의역(意譯) 부분을 이용하여 가능한 단어의 의미를 유추할 수 있도록 한다. 반음반의역 형식의 의역 부분은 단어가 어느 범주에 들어가는지 명확하게 밝힐 수는 없더라도 의역한 단어를 통하여 단어를 이해하는 데 도움을 준다. 예를 들어, '冰淇淋'(ice cream)에서 '冰'은 의역한 것이고, '淇淋'은 음역한 것이다. '冰'은 의미를 정확하게 나타내지는 않으나 '冰'에서 이것이 시원한 물건이라는 것을 연상할 수 있다.

반음반의역 형식은 중국어의 편정식 합성어와 흡사하다. 편정식 합성어는 수식어와 피수식어로 이루어져 있는데, 수식어는 반드시 피수식어의 앞에 위치해야 한다. 피수식어는 중심어의 역할을 한다. 姚榮松(1992)과 湯廷池(1989)에서는 외래어에서 편정식 합성어가 대부분을 차지한다고 주장한다. 편정식 구조를 보여 주는 반음반의역 형식의 외래어는 중국어의 조어법에 부합하기 때문에 널리 쓰이고 있으며 앞으로 계속 사용될 것이다.

3) 음역어에 의미를 나타내는 어소(語素)를 첨가한 형식

중국어는 외국어 단어를 외래어로 수용하면서 표의(表意) 기능을 가진 한자와 긴밀하게 균형을 맞추고자 한다. 음역어(音譯語)에 의미를 나타내는 어소를 첨가한 형식은 가장 직접적이고 간편하게 이를 실현할 수 있는 방법이다. 이 형식은 외국어 어휘를 음역하거나 음의겸역(音意兼譯)한 후에 중국어의 어소를 첨가하여 단어의 의미를 보충 설명한다. 예를 들어, 영어인 'car'는 음역한 '卡' 뒤에 중국어 '車'를 첨가하여 합성어인 '卡車'를 만들어 '車'의 일종임을 나타낸다. '啤酒'(beer), '卡賓槍'(carbine), '卡片'(card), '達姆彈'(dumdum), '高爾夫球'(golf), '爵士樂'(jazz), '霓虹燈'(neon), '吉普車'(jeep) 등도 음역어에 의미를 나타내는 어소를 첨가한 형식이다. 중국어 어소가 음역 앞에 첨가되는 경우도 있다. '酒吧'(bar)가 그 예이다.

1.3. 단어 구성 형식

단어 구성법은 단어의 내부 구조 규칙을 말하며, 어소 조합 방식과 방법을 의미한다. 중국어 어휘는 단어의 어근과 접두사 혹은 접미사의 조합 방식에 따라 단순어, 파생어, 합성어 등으로 나뉜다.

단순어는 어근에 접두사나 혹은 접미사가 붙지 않고 단독으로 형성된 단어이다. 단순어는 단음절(單音節)에서 다음절까지 여러 형태를 보인다. 그 예를 들어 보면 다음의 (9)와 같다.

> (9) 人, 水, 走, 吃, 紅, 高, 琵琶, 兵兵, 葡萄, 仿佛, 巧克力(chocolate),
> 咖啡(coffee), 巴力門(parliament), 塞恩斯(science), 德律風(telephone),
> 安琪兒(angel), 托辣斯(trust), 白蘭地(brandy), 佛朗(franc), 加侖
> (gallon), 沙發(sofa), 烏托邦(utopia), 引擎(engine), 加拿大(canada),
> 日耳曼(german), 俄羅斯(Russia), 可卡因(cocaine), 威士忌(whisky),
> 先令(shilling), 盎斯(ounce), 可可(cocoa), 撲克(poker), 紐約(New
> York), 阿摩尼亞(ammonia)

다음의 (10)에 제시된 외래어는 다음절로 이루어진 단순어로 대다수가 음역한 외래어이다. 이것들은 음절의 수와는 관계없이 하나의 뜻을 가진 단순어이다.

> (10) 巧克力(chocolate), 咖啡, 葡萄, 仿佛, 琵琶, 巴力門(parliament), 塞恩斯(science), 德律風(telephone), 安琪兒(angel), 托辣斯(trust), 白蘭地(brandy), 佛朗(franc), 加侖(gallon), 沙發(sofa), 烏托邦(utopia), 引擎(engine), 加拿大(canada), 日耳曼(german), 俄羅斯(Russia), 可卡因(cocaine), 威士忌(whisky), 先令(shilling), 盎斯(ounce), 可可(cocoa), 撲克(poker), 紐約(New York), 阿摩尼亞(ammonia)

두 개 혹은 두 개 이상의 어근이 결합하여 이루어진 단어는 합성어라고 한다. 중국어 기본 어휘에는 '思想', '動靜', '火紅', '雪白', '證明', '看見', '注意', '關心' 등이 합성어에 속한다. 외래어에서는 반음반의역어가 합성어의 형식을 보여준다. 예를 들어, '華爾街'(wall street), '拓撲學'(topology) 등은 '街'와 '學'이 각각 반음반의역의 의역 부분으로서 그것들은 어소이다. 다음으로 '華爾'와 '拓撲'은 음역 부분으로 하나의 어소를 이루며 의미를 나타낸다. 반음반의역어는 음역 어소와 의역 어소가 결합하여 이루어진 단어이므로 순음역어와 마찬가지로 단순어로 볼 수 없으며 두 개의 어소가 합쳐서 이루어진 합성어가 되는 것이다. 음역어에 중국어 어소를 첨가한 외래어는 음역어가 원래 외국어 어휘의 의미를 나타내고, 단어의 앞이나 뒤에 첨가한 중국어 어소는 단어의 종류를 나타낸다. 음역어에 중국어 어소를 첨가한 외래어도 두 개의 어소인 음역어와 중국어 어소로 이루어졌으므로 합성어이다. '爵士樂'(jazz), '吉普車'(jeep), '高爾夫球'(golf), '達姆彈'(dumdum), '大麗花'(dahlia) 등이 예이다.

하나의 어근에 하나 혹은 하나 이상의 접두사나 접미사를 첨가하여 이루어진 단어는 파생어이다. 중국어 기본 어휘에는 '老師', '老虎', '阿婆', '阿哥', '孩子', '房子', '石頭', '木頭', '花兒' 등이 파생어에 속한다. 파생어인 외래어의 예를 찾아보기가 어렵다.

1.4. 새로운 조어 형식

중국어 어소와 서양 자모자를 결합하여 만든 외래어는 새로운 조어 방식을 보여준다. '卡拉OK', 'T恤', 'IC卡' 등이 그 예이다. 새로운 조어 방식은 자연 과학 영역의 외래어를 들여오는 과정에서 처음으로 사용되었다. 물리학과 수학 등 학문에서 자주 쓰이는 'X光' 등 전문 용어들이 새로운 조어 방법을 사용하여 탄생하였다. 초기에는 사용 범위가 좁고 학문 분야의 전문 용어를 중국어로 들여오는 과정에서 주로 쓰였는데, 최근 들어 점차 사용 범위가 넓어지고 있는 추세이다. 전문 분야에서 사용되는 예로는 외국 무역 분야에서는 'CIF價', 'FOB價' 등이 사용되고, 광고 분야에서는 'POP廣告' 등이 쓰이며, 증권 금융 분야에서는 'K線' 등이 사용되고 있다. 이외에도 새로운 조어 형식은 사회생활 각 분야에서 광범위하게 사용되고 있다. 'AA制', 'BP機', 'B超', '卡拉OK', 'PC機', 'T恤', 'IC卡' 등이 그러한 예이다. 중국어 어소와 서양 자모자를 결합하여 외래어를 만드는 조어 방식은 중국어에서의 사용 범위가 점점 넓어질 것으로 보인다.

2. 어음 방면

현대중국어의 어음적 특성은 다음과 같다.

첫째, 자음을 연달아 사용하지 않는다. 중국어는 단어에서의 음절의 위치에 상관없이 자음을 연이어 사용하는 경우가 없다.

둘째, 연이은 모음으로 이루어진 음절이 많다.

셋째, 모음이 마지막 음절에 사용된 경우가 많으며, 자음은 '-n', '-ng'의 경우 외에는 음절의 말미에서 사용될 수 없다.

넷째, 하나의 음절마다 성조가 있으며, 성조는 서로 조화를 이룬다.

현대중국어의 외래어는 영어에서 외국어 어휘를 음역의 방법으로 받아들이는 과정에서 중국어 어음 체계에 맞도록 개조한다. 중국어 외래어의 음역 부분의 독음(讀音)은 외래어에서 왔으나 중국어의 어음 체계를 기준으로 하여 외국어의 발음을 대응시키는 것이다. 따라서 음역한 외래어와 원래 외국어 어휘의 발음은 다소 차이가 있다. 史有爲(1996)에서는 외래어가 중국어로 들어오면서 음위(音位), 음절 구조, 어음 길이 등 세 가지 측면에서 어음 변화를 일으킨다고 한다. 胡曉淸(1998)에서는 외래어의 어음 형식은 성조, 음소의 대체, 음절 수 변화 등의 변화를 겪는다고 한다. 이 절에서는 성조, 음절 구조, 음절 수, 음소 변화의 측면에서 외래어의 어음적 양상을 살펴보고자 한다.

2.1. 성조 방면

영어는 강세(強勢, stress)가 있으나 의미를 구별하는 성조(聲調, tone)가 없다. 중국어는 영어와는 다르게 성조 언어이다. 성조는 중국어의 중요한 특징 중 하나로 다양한 기능을 한다. 중국어의 성조는 음의 높낮이 변화를 이용하여 단어의 어음 형식을 구별하는 기능을 한다. 음의 높낮이는 발음을 할 때 성대의 긴장도에 의해 결정된다. 발음할 때 성대가 팽팽하면 진동하는 횟수가 늘어나 소리가 높아지고, 발음할 때 성대가 느슨하면 진동하는 횟수가 줄어들어 소리가 낮아진다.

중국인들은 성대의 긴장도에 변화를 주어 성조의 변화를 일으킨다. 표준 중국어는 네 종류의 성조가 있다. 중국어의 음절은 일반적으로 성모(聲母), 운모(韻母), 성조 세 가지 요소로 구성되는데, 이 중에서 운모와 성조는 필수불가결한 요소이다. 성모와 운모가 같은 상황에서 성조가 다르다면 단어의 의미가 달라진다. 예를 들어, '千'[qiān], '錢'[qián], '淺'[qiǎn], '欠[qiàn]' 등의 음절은 성모와 운모가 동일하나 성조가 각각 달라 의미가 다른 예이다.

중국어의 성조는 형태를 구성하는 기능을 한다. 즉 성조가 어법 의미를 구별하는 기능을 한다. 어떤 학자들은 성조 변화가 단지 의미를 구별하는 역할을 하는 것이므로 형태 표지로 볼 수 없다고 주장하는데, 중국어의 성조 변화에 따라 품사가 바뀌고 단수, 복수, 격, 시제 등을 구별하는 경우가 중국어에서 나타나기 때문에 성조가 형태를 구성하는 기능이 있는 것으로 본다(憑英, 1995). 王力(1980)에서도 중고 중국어에서 성조 변화에 따라 어법과 어휘 의미가 달라진다고 한다.

성조는 중국어에서 매우 중요한 역할을 한다. 따라서 강음(强音)과 약음(弱音)의 구별만이 있는 영어 어휘가 중국 어휘로 수용될 때 반드시 성조를 갖게 된다. 서양 자모자도 예외가 아니어서 서양 자모자는 다른 외래어와는 달리 서양의 자모를 이용하지만 성조를 취하게 된다. 'KTV'에서 'K'는 [kèi]가 되고, 'T'는 [tì]가 되며, 'V'는 [wēi]가 된다.

2.2. 음절 구조 방면

영어 음절은 모음이나 모음과 자음으로 이루어져 있다. 영어 음절 구조는 단자음형 음절과 복자음형 음절로 구분된다. 음절에서 복자음(複子音)은 음절 앞 혹은 뒤에 위치할 수 있다. 음절 앞에 위치한 복자음은 자음이 두 개인 경우와 세 개인 경우가 있으며, 음절 뒤에 위치한 복자음은 자음인 두 개인 경우, 세 개인 경우, 네 개인 경우도 있다. 복자음의 실현 양상의 예는 다음의 [표 2]와 같다.

[표 2] 복자음의 실현 양상

	음절 두음(onset)			음절 핵(core)	음절 말음(coda)			
I				aɪ				
rye			r	aɪ				
right			r	aɪ	t			
rights			r	aɪ	t	s		
prompt		p	r	ɑ	m	p	t	
prompts		p	r	ɑ	m	p	t	s
sprout	s	p	r	au	t			

영어의 어휘는 위와 같이 복자음이 음절에 나타날 수 있으나, 이에 상응하는 중국어 외래어에는 복자음이 나타나지 않는다. 중국어 어음은 음운의 단순화 과정을 겪어 복자음이 상고시기에 사라졌다.

상고음(上古音)에서 '風'은 [pl-m]으로 발음하고, '麗'는 [bl-ŋ]으로 발음하였으나, 한나라 말에 이르러 점차 사라지게 된다. 현대중국어에서는 하나의 음절에 두 개 이상의 자음이 연속적으로 쓰일 수 없다. 따라서 중국어에서는 영어인 'golf', 'trust', 'Eskimo' 등과 같은 복자음을 지닌 어휘를 찾을 수가 없다(朱家寧, 1992). 말미 자음이 유실되거나 합병된다. 상고음에서의 말미 자음 '-b', '-d', '-g' 등이 한나라 이후 사라지고 중고음의 '-i', '-u' 등으로 바뀐다. 말미 자음의 소실은 당나라 이후에도 일어나 '-p', '-t', '-k' 등이 점차 사라진다. '-m'도 여러 방언에서 이미 사라져 '-n'으로 변하였다. 서남 표준어와 장강 하류 지역 방언 중에는 '-en'과 '-eng'을 구별하지 않으며 '-in'과 '-ing'도 구별하지 않는다. 심지어는 '-an'과 '-ang'도 구분하지 않는다. 따라서 현대 표준 중국어에는 말미 자음으로는 '-n'과 '-ŋ'만이 남아 있으며 영어 단어인 'shock', 'jeep', 'karat', 'pump' 등에서의 '-k', '-p', '-t'는 이미 존재하지 않는다.

탁성모(濁聲母)가 청음화(淸音化)한다. 중고음에서 탁성모인 'b-', 'd-', 'g-' 등이 여러 방언에서 이미 거의 사라졌다. 10세기 즈음 당오대(唐五代) 시대에 이미 서북 방언에서 탁성모가 청음(淸音)으로 변화하는 것을 발견할 수 있다.

악화(顎化)와 기타 요인들로 인하여 고음의 설근음('k-', 'g-', 'h-')과 치두음 성모('ts-', 'dz-', 's-' 등)가 여러 방언들에서 악화되었다. 순음

('p-', 'b-', 'm-' 등)은 여러 방언들에서 경순음이 되었다(周法高, 1973). 이와 같이 중국어는 음운 단순화의 과정을 거쳐 비교적 간결한 음절 구조를 지니게 되었다. 중국어는 비교적 복잡한 음절 구조를 지닌 외국 어휘를 중국어로 수용하면서 많은 음절상의 변화를 가진다.

1) 복자음(複子音)

중국어의 음절은 자음이 없을 수 있으나 모음은 반드시 있어야 한다. 모음 앞에는 한 개의 자음이 올 수 있으며, 영어와 같이 복자음이 올 수는 없다. 복자음이 존재하지 않는 현대중국어가 복자음을 지닌 영어 어휘를 수용하기 위해서는 복자음 사이에 모음을 첨가하거나 복자음 중 일부를 생략하는 방식을 취하여야 한다.

    (ㄱ) 두 개의 자음 사이에 모음을 첨가함.
      [보기] trust[trʌst] → 托拉斯[tʻuo-la-sɿ]
          Eskimo['e-skɪ-moʊ] → 愛斯基摩[æi-sɿ-tɕi-mo]
          golf[gɒːlf] → 高爾夫[kɑu-ər-fu]
          hysteria[hɪ-'ste-ri-ə] → 歇斯底裏[ɕiɛ-sɿ-ti-li]
          brandy['bræn-di] → 白蘭地[pæi-lan-ti]
          kremlin['krem-lɪn] → 克裏姆林[kʻɣ-li-mu-lin]

이상의 예들은 모음 앞에 복자음이 출현한 경우 자음 사이에 모음을 첨가하여 음절이 늘어난 경우이다. 중국어 외래어 중에서 순음역어가 원래 외국어 단어보다 음절이 늘어나는 경우가 많은 것은 이러한 이유 때문이다. 두 개의 자음 사이에 모음을 첨가하는 방법은 단

어의 음절이 늘어나 중국어의 쌍음절화와는 부합하지 않지만 원어의
자음과 모음 현상을 구체적으로 보여줄 수 있다.

    (ㄴ) 자음 중 일부를 생략함.

      [보기] microphone[ˈmaɪ-krə-foʊn] → 麥克風[mæi-kʻɤ-fəŋ]

                trust[trʌst] → 托拉斯[tʻuo-la-sɿ]

    자음 중 일부를 생략할 때에 비교적 약하게 발음되는 자음을 생략
하는 경우가 많다. 예를 들어 말미 자음 경음인 'ㅌ', 'ㅂ' 등은 생략되
어 번역하지 않아 'Mcdonald'의 경우 경음인 'l', 'd'를 생략하고 '麥
當勞'가 된다. 아래의 예들은 자음 중에서 일부가 생략될 뿐만 아니
라 남은 자음도 변화를 일으키는 것이다.

      [보기] pump[pʌmp] → 泵[pəŋ] -mp → m(p 생략) → ŋ

                modern[ˈmɑ : -dərn] → 摩登[mo-təŋ] -rn → n(r생략) → ŋ

    자모 중 일부가 생략되고 남은 자모가 영향은 받는 경우 대부분이
비음(鼻音)에 속하는 자음이 영향을 받는다. 이것은 표준 중국어에서
말미 자음 'n', 'ŋ' 등 두 개 외에는 다른 비음이 실현되지 않는 것과
연관이 있다.

    (ㄷ) 자음 전부를 생략함.

      [보기] card[kɑ : rd] → 卡[kʻa]

                valve[vælv] → 閥[fa]

위의 두 예는 원어의 음절 끝에 복자음이 나타나지만 중국어에 들어오면서 복자음이 모두 소실된 것이다. 이러한 예들은 번역하는 데 간편하다는 이점이 있으나 원래 단어 발음과 상당한 차이가 있어 변별하는 데 어려움이 있다.

2) 말미 자음

영어에서는 'h', 'w', 'j'가 말미 자음으로 출현할 수 없음을 제외하고 모든 자음이 단어의 말미에 나타날 수 있다. 비음인 'm', 'n', 'ŋ' 등과 그 밖의 'p', 'l', 'r', 's', 't', 'k', 'dʒ', 'f', 'v' 등이 모두 말미 자음으로 사용될 수 있다. 그런데 현대중국어의 표준어에는 'n', 'ŋ'만이 말미 자음으로 가능하다. 따라서 현대중국어에 있지 않는 말미 자음을 가진 외국 어휘는 중국어에 들어올 때 말미 자음에 모음을 첨가하거나 자음을 생략하여야 한다.

① 비비음(非鼻音) 말미 자음
㉠ 말미 자음 뒤에 모음을 첨가함.
㉠ 영어 단어의 'p' → 중국어 외래어 [pʻu]
　　[보기] jeep[dʒi : p] → 吉普[tɕi-pʻu]

㉡ 영어 단어의 'k' → 중국어 외래어 [kʻɤ]
　　[보기] romantic[roʊ-ˈmæn-tɪk] → 羅曼蒂克[luo-man-ti-kʻɤ]
　　　　　shock[ʃɑ : k] → 休克[ɕiou-kʻɤ]
　　　　　tank[tæŋk] → 坦克[tʻan-kʻɤ]

ⓒ 영어 단어의 's' → 중국어 외래어 [sɿ],[ʂʅ]

   [보기] miss[mɪs] → 密司[mi-sɿ]

        mister['mɪs-tər] → 密司脫[mi-sɿ-t'ɣ]

        pass[pæs] → 派司[p'a-sɿ]

        pence[pens] → 便士[piɛn-ʂʅ]

        whisky['wɪs-ki] → 威士忌[uei-ʂʅ-tɕi]

ⓔ 영어 단어의 'f', 'ʃ', 'z', 't'

   [보기] golf[gʊːlf] → 高爾夫[kɑu-ər-fu]

        cashmere['kæʃ-mɪr] → 開司米[k'æi-sɿ-mi]

        jazz[dʒæz] → 爵士[tɕyɛ-ʂʅ]

        pint[paɪnt] → 品脫[p'in-t'uo]

ⓛ 말미 자음을 생략함.

ⓙ 영어 단어의 'r'을 생략함.

   [보기] cigar[sɪ-'gɑːr] → 雪茄[ɕyɛ-tɕia]

        guitar[gɪ-'tɑːr] → 吉他[tɕi-t'a]

        motor['moʊ-tər] → 馬達[ma-ta]

        cartoon[kɑːr-'tuːn] → 卡通[k'a-t'uŋ]

        morphine['mɔːr-fiːm] → 嗎啡[ma-fei]

        poker['poʊ-kər] → 撲克[p'u-k'ɣ]

        mister['mɪs-tər] → 密司脫[mi-sɿ-t'ɣ]

        cashmere['kæʃ-mɪr] → 開司米[k'æi-sɿ-mi]

        carbine['kɑːr-baɪn] → 卡賓[k'a-pin]

        car[kɑːr] → 卡[k'a]

        beer[bɪr] → 啤[p'i]

> radar['reɪ-dɑ : r] → 雷達[lei-ta]
>
> humor['hju : -mər] → 幽默[iou-mo]
>
> sonar['soʊ-nɑ : r] → 聲納[ʂ ̩əŋ-na]

　r을 생략하는 경우는 매우 많다. 영어의 r음은 비교적 약화되어 중국어도 영어의 영향을 받아 음역어 중에서 영어의 r음을 생략한다.

　　ⓛ 영어 단어의 'l'을 생략함.
　　　[보기] mile[maɪl] → 邁[mæi]
　　　　　　rifle['raɪ-fəl] → 萊復[læi-fu]
　　　　　　TOFEL['təʊ-fəl] → 托福[t'uo-fu]

　　ⓒ 영어 단어의 'd', 't'를 생략함.
　　　[보기] card[kɑ : rd] → 卡[k'a]
　　　　　　jacket['dʒæ-kɪt] → 夾克[tɕia-k'ɣ]
　　　　　　trust[trʌst] → 托拉斯[t'uo-la-sɿ]

　　ⓔ 영어 단어의 'k', 's'
　　　[보기] logic['lɑ : -dʒɪk] → 邏輯[luo-tɕi]
　　　　　　Olympics[ə-'lɪm-pɪks] → 歐林匹克[ɑu-lin-p'i-k'ɣ]

　② 비음 말미 자음
　㉠ '-n'과 '-ŋ'을 사용하여 영어 단어의 비음 말미 자음과 대응시킴.
　⊙ 영어 단어의 '-n' → 중국어 외래어의 '-n'과 '-ŋ'
　　　[보기] index['ɪn-deks] → 引得[in-tɣ]
　　　　　　heroin['he-roʊ-ɪn] → 海洛因[xæi-luo-in]

Indian[ˈɪn-di-ən] → 印第安[in-ti-an]

cartoon[kɑːr-ˈtuːn] → 卡通[kʻa-tʻuŋ]

engine[ˈen-dʒɪn] → 引擎[in-tɕʻiŋ]

vitamin[ˈvaɪ-tə-mɪn] → 維他命[uei-tʻa-miŋ]

nicotine[ˈnɪ-kə-ɾiːn] → 尼古丁[ni-ku-tiŋ]

violin[vaɪ-ə-ˈlɪn] → 梵啞鈴[fan-ia-liŋ]

neon[ni-aːn] → 霓虹[ni-huŋ]

ⓛ 영어 단어의 '-ŋ' → 중국어 외래어의 '-ŋ'

　[보기]　mango[ˈmæŋ-goʊ] → 芒果[maŋ-kuo]

ⓒ 영어 단어의 'm' → 중국어 외래어의 '-n'과 '-ŋ'

　[보기]　ream[riːm] → 令[liŋ]

combine[ˈkɑm-baɪn] → 康拜因[kʻaŋ-pæi-in]

totem[toʊ-təm] → 圖騰[tʻu-tʻəŋ]

Olympics[ə-ˈlɪm-pɪks] → 歐林匹克[ɑu-lin-pʻi-kʻɤ]

위의 예들은 '-m', '-n', '-ŋ' 등 비음 말미 자음을 가진 영어 단어는 중국어 외래어에서도 비음을 가지는 것을 보여 준다. 대부분의 경우 영어 단어가 '-n'을 가질 경우, 중국어 외래어에서도 '-n'을 가지고, 영어 단어가 '-ŋ'을 가질 경우 중국어 외래어에서도 '-ŋ'을 보여 준다. 영어 단어가 '-m'을 가질 경우 중국어 외래어에서는 '-n'이나 '-ŋ'을 보여 준다. 따라서 외국 어휘의 비음 말미 자음은 중국어에서 '-n'이나 '-ŋ'으로 나타나는데 그들 간의 대응 규칙은 엄격하지 않음을 알 수 있다.

(ㄴ) 영어 비음 말미 자음 '-m' 뒤에 자음을 첨가함.

　　[보기] dumdum['dəm-ˌdəm] → 達姆[ta-mu]

(ㄷ) 영어 비음 말미 자음을 생략함.

　　[보기] morphine['mɔːr-fiːm] → 嗎啡[ma-fei]

2.3. 음절수 방면

　　중국어 외래어는 외국 어휘를 음역하면서 대부분의 경우 음절수가 늘어나게 된다. 따라서 순음역어는 쌍음절어와 다음절어가 대다수를 차지한다. 그런데 중국어는 쌍음절화가 강한 언어이다. 王力(1980)에서는 중고시대에 이르러 이미 중국어의 쌍음절화가 증가하였다고 한다. 일반적으로 사람들은 쌍음절화가 아편 전쟁 이후에 서양의 영향을 받아 시작되었다고 생각하는데, 중국어가 단음절어에서 쌍음절어로 발전한 것은 언어 내부 규칙의 제약을 받아 시작된 것으로 당나라 때에 이미 쌍음절어는 중국어에서 많은 비중을 차지하였다.

　　중국어 발전 내부 체계의 영향을 받아 외래어 중에는 쌍음절로 이루어진 것들이 많이 보인다. 어떤 단어들은 영어에서 쌍음절이 아니라 단음절 혹은 다음절로 구성된 단어이지만 중국어로 유입되면서 쌍음절 형식으로 바뀌게 된다. '坦克'(tank), '基因'(gene), '品脫'(pint) 등이 그러한 예이다. 음역어에 중국어 어소를 첨가한 외래어 중에는 시간이 지남에 따라 의미를 나타내는 중국어 어소가 생략되어 쌍음절어가 되기도 한다. '吉普車 → 吉普'(jeep), '萊復線 → 萊復'(rifle),

'坦克車 → 坦克'(tank), '撲克牌 → 撲克'(poker) 등이 그러한 예이다.

중국어는 음절을 간소화하고자 하는 경향이 강하기 때문에 원래 단어의 음절이 긴 경우 음역 형식을 축소하거나 음절의 일부분만을 음역하기도 한다. 원래 단어의 음절마다 대응하여 음역하지 않기 때문에 음역한 중국어 외래어의 음절수가 줄어들어 원래 단어의 음절수보다 적어지는 경우도 있다. 예를 들어, 영어 단어인 'meter'는 '米'로 음역하는데, 뒤의 음절 [tə]를 생략한다. 영어 단어인 'dozen'은 중국어에 유입된 초기에는 '打臣'으로 음역하였는데 오래 지나지 않아 '打'로 바뀌었다. 영어 단어인 'pound'는 '磅'으로 음역되며, '磅特'으로 나타내지 않는다. 원소나 화학물질을 나타내는 중국어 외래어는 이러한 현상이 더욱 뚜렷하게 나타나서 외국 어휘 중에서 일부 음절만을 음역하는 것이 일반적이다. '釷'(thorium), '銻'(antimony), '肽'(peptide), '鈦'(titanium), '鍶'(strontium), '胂'(arsine), '銫'(cesium), '鋁'(aluminum) 등이 그러한 예에 속한다.

2.4. 음소 방면

음소(音素)는 어음(語音)에서 가장 작은 단위이다. 음(音)을 늘리거나 줄이고, 느리게 하거나 빠르게 하는 등의 발음 변화 등이 음소의 특징이 된다. 다른 언어에서 어휘를 들여오면서 필요한 음이 수용국의 언어에 있다면 그 음을 사용하지만 없을 경우 가능한 한 원래 어휘의 음과 흡사한 음을 사용하여 음역한다.

음소 중에서 자음은 여러 발음 방법과 발음 기관을 사용하여 발성

되기 때문에 자음 간 차이가 크며 비교적 구별하기 쉽다. 모음은 발음 기관을 가로막아서 형성되는 음이 아니라 혀의 높낮이와 혀의 입안에서의 위치, 입술의 모양에 의해 결정된다. 따라서 모음 간의 차이는 크지 않고 섬세하여 구분하는 것이 어렵다. 이것은 마치 사람들이 모든 색깔을 명확하게 분류하는 것이 어렵기 때문에 크게 빨간색, 노란색, 파란색, 흰색, 검은색 등 다섯 가지로 분류하거나 열두 가지로 분류하여 사용하는 것과 같다. 분류 목적과 정도에 따라 색깔을 분류할 수 있으나 각각의 색들 간에 명확한 경계를 지을 수는 없다. 모음도 연구 목적에 따라 분류를 하지만 모음 간의 분류가 힘들고 모음은 자음과 비교하여 불안정 상태에 있어서 모음에 대한 절대적인 기준이 없는 실정이다. 그리하여 아래에서는 현대 외래어의 자음을 중심으로 살펴보기로 한다.

1) 파열음

파열음(plosive)은 폐에서 나오는 공기를 완전히 막았다가 그 막은 자리를 갑자기 터뜨리면서 기류를 따라 나오는 소리를 말한다. 중국어에서는 [p], [pʻ], [t], [tʻ], [k], [kʻ] 등이 파열음이다.

ㄱ. 영어 단어의 [b], [d], [g] → 중국어 외래어 [p], [t], [k]

[보기] bar[bɑ : r] → 吧[pa]

carbine[ˈkɑ : r-baɪn] → 卡賓[kʻa-pin]

combine[ˈkɑm-baɪn] → 康拜因[kʻaŋ-pæi-in]

dahlia[ˈdæ-liə] → 大麗[ta-li]

DDT[di：-di：-'ti：] → 滴滴涕[ti-ti-t'i]

dozen['dʌ-zən] → 打[ta]

index['ɪn-deks] → 引得[in-tɤ]

radar['reɪ-dɑ：r] → 雷達[lei-ta]

golf[gɒ：lf] → 高爾夫[kɑu-ər-fu]

현대중국어 표준어는 탁음 불송기(不送氣) 파열음3)인 [b], [d], [g]
가 없으므로 영어 단어에서 나타나는 [b], [d], [g]를 청음 불송기 파
열음4)인 [p], [t], [k]와 [p'], [t'], [k']를 이용하여 들여온다.

[보기] beer[bɪr] → 啤[p'i], bushel['bʊ-ʃəl] → 蒲式耳[pu-ʂl̩-ər]

ㄴ. 영어 단어의 [p], [t], [k] → 중국어 외래어 [p'], [t'], [k']

동일한 어음 환경(phonetic context)에서 의미의 대립을 일으킬 수 있
는 소리를 음위라고 한다. 그러나 서로 다른 음위가 서로 같은 어음
환경에 있을 때 반드시 의미의 대립을 나타내지는 않는다. 어떤 것
들은 각 언어별 어음 체계 혹은 보편 어음학(universal phonetics)을 통해
예측할 수 있다. 예를 들어 영어의 양순음 청음 파열음 [p]는 단어
앞에서 반드시 송기음이고 단어 뒤에서는 송기음이거나 아닌 경우도
있다. 그러나 [s] 뒤에는 송기음이 올 수 없다. 즉, [p]가 있을 때는
[p']가 있을 수 없고 [p']가 있을 때는 [p]가 있을 수 없다. 그런데

---

3) 탁음 불송기 파열음을 '유성 파열음'이라고 일컫기도 한다.
4) 청음 불송기 파열음을 '무성 파열음'이라고 일컫기도 한다.

중국어 외래어의 경우는 영어 단어의 양순음 청음 파열음 [p]가 불
송기음으로 되는 경우는 없다.

　　[보기] penicillin[ˌpe-nə-ˈsɪ-lən] → 盤尼西林[pʻan-ni-ɕi-lin]

　　　　　trust[trʌst] → 托拉斯[tʻuo-la-si̩]

　　　　　jeep[dʒi：p] → 吉普[tɕi-pʻu]

　　　　　Olympics[ə-ˈlɪm-pɪks] → 歐林匹克[ɑu-lin-pʻi-kʻɣ]

　　　　　pass[pæs] → 派司[pʻa-si̩]

　　　　　poker[ˈpoʊ-kər] → 撲克[pu-kʻɣ]

　　　　　cartoon[kɑ：r-ˈtu：n] → 卡通[kʻa-tʻuŋ]

　　　　　DDT[di：-di：-ˈti：] → 滴滴涕[ti-ti-tʻi]

　　　　　pint[paɪnt] → 品脫[pʻin-tʻuo]

　　　　　tank[tæŋk] → 坦克[tʻan-kʻɣ]

　　　　　TOFEL[ˈtəʊ-fəl] → 托福[tʻuo-fu]

　　　　　totem[ˈtoʊ-təm] → 圖騰[tʻu-tʻəŋ]

　　　　　copy[ˈkɑ：-pi] → 拷貝[kʻɑu-pei]

　　　　　jacket[ˈdʒæ-kɪt] → 夾克[tɕia-kʻɣ]

　　　　　khaki[ˈka：-ki] → 卡其[kʻa-tɕʻi]

　　　　　shock[ʃɑ：k] → 休克[ɕiou-kʻɣ]

　　영어 단어의 청음 송기 파열음 [p], [t], [k]에 해당하는 것은 중국
어의 [pʻ], [tʻ], [kʻ]이다. 그런데 간혹 영어의 [p], [t]가 현대중국어
의 불송기 청음 파열음 [p], [t]로 대응되는 경우도 있다.

[보기] pence[pens] → 便士[piɛn-ʂ̩]

champagne[ʃæm-'peɪn] → 香檳[ɕiaŋ-pin]

copy['kɑ：-pi] → 拷貝[k'ɑu-pei]

pump[pʌmp] → 泵[pəŋ]motor

romantic[roʊ-'mæn-tɪk] → 羅曼蒂克[luo-man-ti-k'ɤ]

nicotine['nɪ-kə-ti：n] → 尼古丁[ni-ku-tiŋ]

ㄷ. 영어 단어의 [k], [g] → 중국어 외래어 [tɕ], [tɕ']

[보기] gallon['gæ-lən] → 加侖[tɕiɑ-lun]

Eskimo['e-skɪ-moʊ] → 愛斯基摩[æi-sɿ-tɕi-mo]

whisky['wɪs-ki] → 威士忌[uei-ʂ̩-tɕi]

cigar[sɪ-'gɑ：r] → 雪茄[ɕyɛ-tɕia]

guitar[gɪ-'tɑ：r] → 吉他[tɕi-t'a]

khaki['ka：-ki] → 卡其[k'a-tɕ'i]

2) 마찰음

마찰음(fricative)은 입안이나 목청 따위의 조음 기관이 좁혀진 사이로 공기가 비집고 나오면서 마찰을 일으키며 나오는 소리이다. 중국어에서 마찰음의 예로는 [f], [s], [ʂ], [ɕ], [x] 등이 있다.

ㄱ. 영어 단어의 [f], [v] → 중국어 외래어 [f]

[보기] valve[vælv] → 閥[fa]

golf[gɒ：lf] → 高爾夫[kɑu-ər-fu]

microphone['maɪ-krə-foʊn] → 麥克風[mæi-k'ɤ-fəŋ]

morphine['mɔ：r-fi：m] → 嗎啡[ma-fei]

TOFEL['təʊ-fəl] → 托福[tʻuo-fu]

violin[vaɪ-ə-'lɪn] → 梵啞鈴[fan-ia-liŋ]

영어 단어의 [f], [v]에 해당하는 중국어음은 대부분이 청음 마찰음인 [f]나 탁음 반모음인 [u]인 경우도 있다.

[보기] vitamin['vaɪ-tə-mɪn] → 維他命[uei-tʻa-miŋ]

ㄴ. 영어 단어의 [s], [z] → 중국어 외래어 [s], [ɕ], [ʂ]

[보기] hysteria[hɪ-'ste-ri-ə] → 歇斯底裏[ɕiɛ-si-ti-li]

cc[si : -si] → [ɕi-ɕi]

cigar[sɪ-'gɑ : r] → 雪茄[ɕyɛ-tɕia]

penicillin[ˌpe-nə-'sɪ-lən] → 盤尼西林[pʻan-ni-ɕi-lin]

pence[pens] → 便士[piɛn-ʂl̩]

whisky['wɪs-ki] → 威士忌[uei-ʂl̩-tɕi]

jazz[dʒæz] → 爵士[tɕyɛ-ʂl̩]

ㄷ. 영어 단어의 [ʃ] → 중국어 외래어 [s], [ɕ], [ʂ]

[보기] champagne[ʃæm-'peɪn] → 香檳[ɕiaŋ-pin]

shock[ʃɑ : k] → 休克[ɕiou-kʻɣ]

bushel['bʊ-ʃəl] → 蒲式耳[pu-ʂl̩-ər]

cashmere['kæʃ-mɪr] → 開司米[kʻæi-si-mi]

영어의 자음 중에는 중국어에 없는 [ʃ], [θ], [ʒ] 등이 있다. 영어의 [ʃ]는 중국어에서 [s], [ɕ], [ʂ] 등으로 나타낸다.

ㄹ. 영어 단어의 [h] → 중국어 외래어 [x], [ɕ]

   [보기] heroin['he-roʊ-ɪn] → 海洛因[xæi-luo-in]

          hormone['hɔ : r-moʊn] → 荷爾蒙[xɣ-ər-məŋ]

          hysteria[hɪ-'ste-ri-ə] → 歇斯底裏[ɕiɛ-sɿ-ti-li]

ㅁ. 영어 단어의 [θ] → 중국어 외래어 [s]

   [보기] marathon['mæ-rə-θɑ : n] → 馬拉松[ma-la-suŋ]

3) 색찰음

색찰음(Affricate or Plosive-fricative)은 폐에서 나오는 공기를 완전히 막았다가 열어 입안이나 목청 따위의 조음 기관이 좁혀진 사이로 공기가 비집고 나오면서 마찰을 일으키며 나오는 소리이다. 중국어의 색찰음으로는 [tɕ], [tɕ'], [tʂ], [tʂ'], [ts], [ts'] 등이 있다.

ㄱ. 영어 단어의 [ts] → 중국어 외래어 [ts]

   [보기] waltz[wɒ : lts] → 華爾茲[xua-ər-tsɿ]

ㄴ. 영어 단어의 [tʃ], [dʒ] → 중국어 외래어 [tɕ], [tɕ']

   [보기] gene[dʒi : n] → 基因[tɕi-in]

          jacket['dʒæ-kɪt] → 夾克[tɕia-k'ɣ]

          jazz[dʒæz] → 爵士[tɕyɛ-ʂʅ]

          jeep[dʒi : p] → 吉普[tɕi-p'u]

          logic['lɑ : -dʒɪk] → 邏輯[luo-tɕi]

          angel['eɪn-dʒəl] → 安琪兒[an-tɕ'i-ər]

          engine['en-dʒɪn] → 引擎[in-tɕ'iŋ]

4) 비음, 변음, 전동음(모음 앞에 위치할 경우)

비음(Nasal)은 입안의 통로를 막고 코로 공기를 내보내면서 내는 소리이다. 비음이 발음될 때에는 성대가 진동한다. 중국어 비음은 [m], [n], [ŋ] 등이다. 변음(Lateral)은 혀끝으로 중간 통로를 막으면서 나는 소리다. 변음은 혀 앞부분 양 옆으로 나오는 소리이다. 이것이 발음될 때에는 성대가 진동한다. 중국어에서 변음으로는 [l]이 있다.

ㄱ. 영어 단어의 [m] → 중국어 외래어 [m]

[보기] motor['moʊ-tər] → 馬達[ma-ta]

mango['mæŋ-goʊ] → 芒果[maŋ-kuo]

cashmere['kæʃ-mɪr] → 開司米[k'æi-si̱-mi]

humor['hju : -mər] → 幽默[iou-mo]

microphone['maɪ-krə-foʊn] → 麥克風[mæi-k'ɣ-fəŋ]

modern['mɑ : -dərn] → 摩登[mo-təŋ]

mile[maɪl] → 邁[mæi]

ㄴ. 영어 단어의 [n] → 중국어 외래어 [n]

[보기] nylon['naɪ-lɑ : n] → 尼龍[ni-luŋ]

nicotine['nɪ-kə-ti : n] → 尼古丁[ni-ku-tiŋ]

penicillin[ˌpe-nə-'sɪ-lən] → 盤尼西林[p'an-ni-ɕi-lin]

영어 단어의 비음 [m], [n] 등이 모음 앞에 위치하면 중국어에서도 이와 상응하는 [m], [n]으로 대응한다. 영어 단어의 말미 자음이 [m], [n], [ŋ]이라면 중국어에서도 이에 상응하는 비음 말미 자음을

사용한다. 예를 들어, 영어 단어의 말미 자음이 [n]이라면 중국어에
서는 [n]을 사용한다.

> [보기] index['ɪn-deks] → 引得[in-tɣ]
>
> heroin['he-roʊ-ɪn] → 海洛因[xæi-luo-in]
>
> Indian['ɪn-di-ən] → 印第安[in-ti-an]

영어 단어의 말미 자음이 [ŋ]이라면 중국어에서는 [ŋ]을 사용한다.
mango['mæŋ-goʊ] → 芒果[maŋ-kuo]이 그러한 예이다. 영어 단어
의 말미 자음이 [m]이면 중국어에서는 [n], [ŋ]을 사용한다. 그러한
예를 들면 ream[ri：m] → 令[liŋ], combine['kɑm-baɪn] → 康拜因
[k'aŋ-pæi-in], totem['toʊ-təm] → 圖騰[t'u-t'əŋ] 등이다. 그러나
예외도 있어 영어 단어의 말미 자음이 [n]인데 중국어에서는 [ŋ]을
사용하는 하는 경우도 있다. vitamin['vaɪ-tə-mɪn] → 維他命
[uei-t'a-miŋ], nicotine['nɪ-kə-ti：n] → 尼古丁[ni-ku-tiŋ], violin
[ˌvaɪ-ə-'lɪn] → 梵啞鈴[fan-ia-liŋ] 등이 그러한 예이다.

> ㄷ. 영어 단어의 [l] → 중국어 외래어 [l]
>
> > [보기] dahlia['dæ-liə] → 大麗[ta-li]
> >
> > logic['lɑ：-dʒɪk] → 邏輯[luo-tɕi]
> >
> > Olympics[ə-'lɪm-pɪks] → 歐林匹克[au-lin-p'i-k'ɣ]

> ㄹ. 영어 단어의 [r] → 중국어 외래어 [l]
>
> > [보기] romantic[roʊ-'mæn-tɪk] → 羅曼蒂克[luo-man-ti-k'ɣ]

radar['reɪ-dɑːr] → 雷達[lei-ta]

hysteria[hɪ-'ste-ri-ə] → 歇斯底裏[ɕiɛ-si-ti-li]

marathon['mæ-rə-θɑːn] → 馬拉松[ma-la-suŋ]

rifle['raɪ-fəl] → 萊復[læi-fu]

영어 단어의 [r]은 대부분 중국어에서 [l]로 대응된다. 이는 영어의 [r]이 현대중국어에 상응하는 음이 없기 때문이며 비교적 흡사한 [l]로 대체되어 사용된다.

5) 반모음

영어 단어의 반모음 [w]가 중국어에서 반모음 [u]로 대응된다.

[보기] whisky['wɪs-ki] → 威士忌[uei-ʂ-tɕi]

영어에서는 자음이 청음인지 탁음인지가 단어의 의미를 구별하는 데 중요한 역할을 한다. 영어에는 청음과 탁음이 쌍을 이루는 8 종류의 자음이 있다. 즉 그것은 [p], [b] ; [t], [d] ; [k], [g] ; [s], [z] ; [ʃ], [ʒ] ; [tʃ], [dʒ] ; [f], [v] ; [θ], [ð] 등이다. 그러나 중국어에서 가장 중요한 특징은 송기음과 불송기음의 차이이다. 중국어에는 [pʻ], [p] ; [tʻ], [t] ; [k], [kʻ] ; [tʂ], [tʂʻ] ; [ts], [tsʻ] ; [tɕ], [tɕʻ] 등이 있는데 이것들은 모두 청음이다. 이처럼 중국어에서는 송기음인지 불송기음인지가 단어의 의미를 구별하는 데 중요한 기능을 한다. 이런 이유로 절대 다수의 자음이 청음인 중국어에서는

탁음인 외국 단어를 수용할 때에 청음과 탁음을 구별하는 데 별다른
주의를 기울이지 않는다.

3. 의미 방면

중국어는 다른 민족과 언어 교류를 통하여 정보를 교환하며 외래
어휘를 수용한다. 중국어가 외래어를 들여오는 것은 대부분의 경우
중국어로 표현하고자 하는 사물이나 관념이 있는데 그것들에 해당하
는 중국어 단어가 없을 때이다. 서로 다른 민족은 서로 교류를 하는
과정에서 자신들에게는 없는 것들을 발견한다. 그것이 구체적인 사
물이나 추상적인 사상이건 언어로 표현된다. 사물 등의 대상에 이름
을 지어 부르는 것은 사람들에 의해서 행해지며 이러한 과정에서 탄
생한 단어는 형태나 의미에 있어 문화적인 특성을 나타낸다.

동일한 문화에서 생활하는 이들은 동일한 문화적 환경에서 동일한
언어를 사용하므로 언어를 비교적 통일된 방식으로 만든다. 그런데
서로 다른 문화에서 생활하며 다른 언어를 사용하는 사람들은 언어
교류를 할 때에 공유하는 문화가 없음으로 말미암아 어려움을 겪는
다. 그래서 그들은 서로 단어의 의미를 오해하거나 이해하지 못하는
경우가 생기기도 한다.

외래어는 중국어로 수용되면서 의미상의 변화를 겪게 된다. 외래
어의 의미 변화는 어법이나 어음 변화보다 훨씬 복잡하고 세밀하게
이루어진다. 외래어의 의미변화 정도는 각각 다르며, 장시간에 걸쳐

서서히 변화를 일으키는 경우가 많으므로 외래어의 의미 변화를 연구하는 것은 어렵다고 할 수 있다. 이 절에서는 외래어가 원래의 의미가 그대로 쓰이는 경우, 축소되는 경우, 확대되는 경우, 변동되는 경우를 살펴보고자 한다.

3.1. 외래어 원의

외래어를 수용하는 목적은 중국어 어휘를 풍부하게 하기 위해서이다. 중국어에는 있지 않은 사물이나 개념을 표현하는 외래어는 비교적 손쉽게 중국어로 흡수된다. 그러나 중국어에 이미 있는 사물이나 개념일 경우 중국어는 이에 해당되는 외래어의 원의에 대하여 세밀한 작업을 거쳐 중국어의 의미 체계에서 필요한 부분을 뽑아내는 과정을 거치게 된다. 다음의 (11)에 제시된 예들은 중국어가 의미 공백을 채우기 위하여 외래어의 원의를 들여온 경우이다.

> (11) 的士(taxi), 爾格(erg), 巴士(bus), 圖騰(totem), 沙拉(salad), 凡士林
> (vaseline), 水門汀(cement), 盧比(rupee), 令(ream), 布丁(pudding),
> 品脫(pint), 盤尼西林(penicillin), 尼龍(nylon), 尼古丁(nicotine), 嗎
> 啡(morphine), 邁(mile), 麥克風(microphone), 歇斯底裏(hysteria),
> 荷爾蒙(hormone), 海洛因(heroin), 可可(cocoa), 吉他(guitar), 加侖
> (gallon), 可卡因(cocaine), 雪茄(cigar), 巧克力(chocolate), 開司米
> (cashmere), 卡其(khaki), 蒲式耳(bushel), 白蘭地(brandy), 三明治
> (sandwich), 開(karat), 打(dozen), 西西(C.C), 印第安人(Indian), 來
> 復線(rifle), 奧林匹克(Olympics), 霓虹燈(neon sign), 克裏姆林宮

(Kremlin), 爵士樂(jazz), 吉普車(jeep), 高爾夫球(golf), 愛斯基摩人
(Eskimo), 達姆彈(dumdum), 大麗花(dahlia), 香檳酒(champagne),
卡賓槍(carbine), 啤酒(beer), 恤衫(shirt), 拓撲學(topology), 華爾街
(wall street), 維他命(vitamin), 雷達(radar), 滴滴涕(DDT), 芒果
(mango), 幽浮(UFO), 威士忌(whisky), 馬達(motor)

외래어의 원의를 나타내는 외래어는 과학용어와 일상용어에 관련
된 것이 대다수이다.

3.2. 의미 축소

외래어는 중국어에 차용된 후 의미상의 변화를 일으킨다. 외래어
의 원의를 그대로 들여오는 경우도 있지만 외래어의 의미 범위가 원
래 어휘의 의미 범위보다 축소되는 경우가 있다. 외래어의 의미가
축소되는 것은 영어의 어휘를 들여오는 경우 상당히 보편적인 현상
이다. 영어 어휘의 의미는 다양한 반면 중국어가 외래어를 수용하는
경우 대부분 하나 혹은 몇 개의 의미만을 받아들이기 때문이다.

(12) 安琪兒(angel),[5] 嘜(mark), 杯葛(boycott),[6] 菲林(film), 閥(valve),
撲克(poker), 派司(pass), 密司(miss), 夾克(jacket), 康拜因(combine),

---

5) 영어 angel은 '하느님의 사자, 천사', '천사 같은 사람', '보위하는 신', '모험가, 배
   우, 정치 경선자의 비직업적 지지자', '영국의 금화폐명'의 의미를 보여주나 중국어
   는 이 중 '하느님의 사자, 천사', '천사 같은 사람'의 의미를 수용한다.
6) 영어 boycott는 '저지', '절교' 등의 의미를 보여주나 중국어는 '저지'의 의미만을
   수용한다.

咖啡(coffee), 卡片(card), 卡車(car), 酒吧(bar), 邏輯(logic), 引得
(index), 磅(pound), 幽默(humor), 休克(shock), 引擎(engine), 卡通
(cartoon), 瓦斯(gas), 俱樂部(club), 噸(tone), 密司脫(mister), 拷貝
(copy), 坦克(tank), 加農炮(cannon)

중국어에서 외래어의 의미 축소는 표현을 간결하게 하고 정확하게
하는 데 도움을 준다.

3.3. 의미 확대

한 단어는 종종 핵심적인 의미와 더불어 부차적인 의미까지 여러
의미를 나타내며 언어생활에서 사용된다. 중국어는 외래어를 수용하
는 과정에서 외국 어휘의 의미를 들여오는 동시에 원래 외국 어휘
의미를 근거로 하여 새로운 의미를 부여하기도 한다. 영어에서는
sofa가 '방석, 등받이와 팔걸이 모두 부드러운 앉을 수 있는 도구'를
뜻하는데, 중국어에서는 '沙發(sofa)'가 "스프링이나 플라스틱 폼이 내
재되어 있는, 앉을 수 있는 도구"를 의미한다. 방석이 탄성이 있다면
등받이와 팔걸이가 나무로 되어 있어도 모두 '沙發'라고 한다. 또한
중국어에서는 일인용도 '沙發'에 포함된다. 영어 'laser'는 레이저 장
치의 의미로 사용되나, 중국어에서는 '雷射'(laser)가 레이저 장치와
레이저의 의미로 사용된다.[7]

중국인들은 외래어를 수용한 후 중국 언어의 특징과 필요에 의하

---

7) 중국에서는 '萊塞'라고 한다.

여 외래어의 의미를 확대시키기도 한다. 외래어의 의미 확대는 중국어의 어휘를 풍부하게 하여주는 한 방법이다.

3.4. 의미 변동

중국어는 외래어를 수용하는 과정에서 외국 어휘의 의미가 중국어에 이미 존재할 경우 외래어에 새로운 의미를 첨가하거나 변동하여 들여오기도 한다. 외래어 중에는 중국어에서 사용되면서 점차 의미의 변화를 일으켜 새로운 의미를 나타내기도 한다. 영어 'number one'은 집단에서의 수령, 우두머리 등을 의미하는데, '那摩溫(number one)'은 1949년 이전 중국 상해에서 '작업반장'의 의미로 쓰였다.

영어 'mosaic'은 타일 따위를 조각조각 붙여서 무늬나 회화를 만드는 방법을 뜻하는데, 중국어 외래어 '馬賽克'(mosaic)[8]은 건축물 벽이나 바닥의 타일을 의미한다. 또한 여러 가지 빛깔의 돌이나 유리, 금속 등을 조각조각 붙여서 만든 장식물, 도안, 장식 바닥, 벽면, 천장 등을 모두 '馬賽克'라고 한다. 대만에서는 텔레비전의 화면이 고르지 못하여 나타나는 네모 모양의 형상을 '馬賽克'라고 일컫는다. 80년대 초 등받이를 아래로 내려 침대로 사용할 수 있는 소파가 유행했는데, 그것을 '床式沙發'라고 하였다. '床式'이 '沙發'(sofa)를 수식하는 구조로, 앉을 수 있는 도구가 침구의 의미로 쓰이게 되었다. 영어 'steam' 은 증기, 수증기, 증기동력, 증기압력, 수증기, 안개 등의 의미를 나

---

8) 중국에서는 '馬賽克瓷甎'(mosaic tile)이라고 해야 하나 '馬賽克'로 사용되고 있다.

타내는데, 중국어 외래어 '水汀'(steam)은 증기난방설비를 의미한다.

외래어의 의미가 변하게 되는 이유는 여러 가지가 있으나 사람들의 현실 현상에 대한 이해가 바뀌고 단어 의미 간 상호 영향을 미치는 것과 밀접한 관련이 있다. 의미의 변동을 일으킨 외래어 중 일부는 시간이 지남에 따라 사라지고 일부는 중국어 어휘에서 지속적으로 사용되며 중국어 어휘의 구성원이 된다.

사람들은 단어를 이해하는 과정에서 주관적인 태도를 표현한다. 이를 통하여 단어는 객관적인 의미 외에 긍정적 혹은 부정적인 감정적 색채를 부가적으로 보여주게 된다. 외국어가 중국의 외래어가 되면서 중국 문화와 언어의 영향을 받아 부가적인 의미의 변화를 겪게 된다. 일부 외국어는 중국어 외래어로 수용되면서 원래 가지고 있었던 감정과 관련된 부가적인 의미를 완전히 잃게 된다. 음역은 외국어 어휘의 독음을 차용하는 방식으로 원래 외국어 어휘의 부가적 의미를 정확하고 효율적으로 나타내는 데 한계가 있기 때문이다. 또한 외국어가 중국어 외래어로 수용되면서 중국 문화의 영향을 받아 부가적 의미가 변하기 때문이다. 일부 외국어는 원래 부가적 의미를 나타내지 않는데, 그것이 중국어 외래어가 되면서 부가적 의미를 나타내기도 한다. 영어 'TOFEL'은 미국과 캐나다에 유학하려는 사람이 치르는 영어 시험으로 중성적인 의미를 지니고 있다. 그런데 중국어 외래어 '托福'(TOFEL)은 시험에 통과하면 서양에 가서 유학을 할 수 있다는 의미를 갖게 되면서 긍정적인 색채를 지니게 되었다. 영어 'modern'은 중성적인 의미를 지닌 단어인데, 중국어 외래어 '摩登'(modern)은 감정적 평가 색채를 띤다. 중국인들이 사용하는 '摩登

女郎'(현대식 여성), '摩登小姐'(현대식 아가씨)는 감정적 색채를 나타내고 있다. 또한 영어 'mini skirt'는 중성적인 의미를 나타내는데, 중국어 외래어 '迷你裙'(mini skirt)은 감정적 색채를 지녀 익살스럽고 웃기는 의미를 나타낸다.

중국어 어휘가 영어로 들어가 부가적 의미를 얻는 경우도 있다. 상해(上海)가 서양과의 교류 통로가 되면서 'Shanghai'라는 단어가 영어에 들어갔다. '上海'는 지명의 의미뿐만 아니라 부가적인 의미인 '사람을 정신을 잃게 하여 배로 끌고 가서 강제로 노역을 시킨다'는 의미를 나타낸다.

외국어는 중국어 외래어가 되면서 중국 문화, 사회, 사유 방식 등의 영향을 받아 의미상의 변화를 일으킨다. 특히 외국 어휘가 나타내는 감정적 의미는 단순한 번역 과정을 통해서는 나타내기 힘들다. 愛德華・薩傑爾(1977)에서는 언어는 문화와 사회 없이는 존재할 수 없으며 사람들의 생활 모습과 생각을 보여주는 것이라고 한다. 따라서 각각의 독특한 문화의 모습을 보여주는 외국어를 중국어 외래어로 수용하는 과정에서 언어 내부의 문화적 차이를 인정하고 유의할 필요가 있다.

제4장 현대중국어 외래어의 영향과 기능

　　외래어는 일종의 언어 체계가 다른 언어 체계의 여러 어휘를 수용하여 이용하는 것이다. 외래어는 어휘 체계를 조정하고, 어휘 체계에 새로운 요소를 증가시킨다. 외래어의 도입은 외래문화를 끌어들이고 전파하는 것이다. 또한 외래어는 일종의 문화 체계로서 외래문화와 사상을 함께 끌어들이며 다른 언어를 수용함에 따라 우리가 다른 문화를 이해하여 문화의 전파를 촉진하고, 우리의 생활과 사상을 동시에 개변시키기도 한다. 이러한 영향이 언어 체계에도 미치게 된다. 그렇기 때문에 외래어는 여러 민족의 언어와 민족문화가 지속적으로 발전하는 중요 조건이다. 이 장에서는 현대중국어 외래어의 영향과 기능에 대해서 살펴보고자 한다.

1. 현대중국어 외래어의 영향

중국어는 오래된 발전 과정에서 상당수의 외래어를 수용하였다. 이러한 외래어는 사람들의 언어에 커다란 영향을 미친다. 언어적 측면에서 살펴보면 현대중국어 외래어의 영향은 다음과 같다.

첫째, 현대중국어 외래어는 중국어 단어 형성 방식의 발전을 촉진한다.

둘째, 현대중국어 외래어는 음역어의 발전을 촉진한다.

셋째, 현대중국어 외래어는 외국어 자모 형식을 안정화한다.

넷째, 현대중국어 외래어는 한자어의 다음절화를 촉진한다.

다섯째, 현대중국어 외래어는 중국어에 없는 단어의 의미를 보충하여 준다.

1.1. 단어 형성 방식의 발전 촉진

외래어는 어휘의 구성 요소의 일부분이다. 외래어는 어휘와 마찬가지로 빠르고 정확하게 언어를 위하여 문장을 구성하는 자료가 되는데 이는 부정할 수 없는 사실이다. 언어면에서의 외래어의 기능은 중요하며 또한 아주 분명하다. 외래어는 중국어 어휘에서의 부족한 부분을 보충하여 주며 어휘의 복음화(復音化)를 촉진한다. 중국어의 이질적 단어로서 외래어는 본 민족어의 단어 형성 방법 및 능력의 부족을 보충하여 주며 또한 본 민족어의 새로운 단어 형성 능력을 촉진한다(史有爲, 2000 : 119~125).

순음역어는 다른 의미를 가지지 않는다. 하지만 장기간의 사용 과정에서 중국어는 자주 순음역어의 음역을 나타내는 자모들이 점차적으로 독립성을 가지게 하여 의미가 없는 글자로 하여금 일정한 의미를 가지게 하였으며 독립적으로 사용되기도 하고 다른 자모와 함께 새로운 단어를 구성하여 음성과 의미가 새로 결합된 중국어 어소(語素)가 되었다. 이것이 바로 중국어 순음역어에서의 음역 성분이 어소화(語素化)되는 현상이다. 이러한 외래어의 어소화 현상은 고대에도 존재하였다. '목란시(木蘭詩)'에 '원차명타천리족(願借明駝千裏足), 송아환고향(送兒還故鄕)'이라는 시구가 있는데, 그중 '명타(明駝)'에서의 '타(駝)'는 '낙타'의 축약어이다. '타(駝)'의 빈번한 사용은 나중에 '타(駝)'가 '낙타(駱駝)'를 의미하는 축약어가 된 것이다. 육조(六朝) 이후 불경의 대규모적인 번역문은 중국어 산스크리트어 계통의 외래어를 대량으로 출현시켰다. 그중 다음절어가 이음절어로 축약되고 다시 단음절어로 축약된 어소(語素)의 예는 적지 않다. 예를 들어, '불'(佛), '탑'(塔), '선'(禪) 등이 있는데 이러한 단음절어는 점차적으로 어소화가 되어 다시 재구성된 합성어들도 모두 이음절어가 되었다.

근 몇 십 년 이래 외래어의 증가와 더불어 외래어의 사용 범위, 사용 방식 또한 나날이 확대되고 증가되었다. 그중 외래어를 기초로 하는 단어 형성 현상은 외래어의 변화와 발전을 더욱더 나타낸다.

외래어의 한 음절이 점차적으로 어소화하여 새로운 합성어를 형성한 예를 들어 보면 다음 [표 3]과 같다.

[표 3] 일음절어 외래어가 결합하여 형성된 합성어

음역어	간화 형식	중국어 어소	신조어
奧林匹克[1]	奧	班	奧班[2]
		賽	奧賽[3]
		申	申奧[4]
		運	奧運[5]
咖啡[6]	咖	熱	熱咖[7]
		冷	冷咖[8]
		黑	黑咖[9]
		黃	黃咖[10]
巴士[11]	巴	大	大巴[12]
		中	中巴[13]
		小	小巴[14]
的士[15]	的	面	面的[16]
		摩	摩的[17]
		哥	的哥[18]
		姐	的姐[19]
啤酒[20]	啤	紮	紮啤[21]
		散	散啤[22]
		生	生啤[23]
		黑	黑啤[24]
		暖	暖啤[25]
卡片[26]	卡	龍	龍卡[27]
		綠	綠卡[28]
		聲	聲卡[29]
		磁	磁卡[30]
		打	打卡[31]
酒吧[32]6	吧	氧	氧吧[33]
		台	吧台[34]
		網	網吧[35]

---

1) '奧林匹克'은 '올림픽'을 뜻한다.

2) '奧班'은 대만에서 사용되지 않는다.

3) '奧賽'는 대만에서 사용되지 않는다.

4) '申奧'의 의미는 '국제올림픽위원회에 올림픽 개최를 신청하다.'이다. 이것은 대만에서 사용되지 않는다.

5) '奧運'은 '올림픽'의 준말이다.

6) '咖啡'는 '커피'이다.

7) '熱咖'는 '뜨거운 커피'를 뜻한다.

8) '冷咖'는 '차가운 커피'를 뜻한다.

9) '黑咖'는 '블랙커피'를 뜻한다.

10) '黃咖'는 '노란 커피'를 뜻한다. 이것은 대만에서 사용되지 않는다.

11) '巴士'는 '버스'이다.

12) '大巴'는 '대형 버스'를 의미한다. 이것은 대만에서 사용되지 않는다.

13) '中巴'는 '중형 버스'를 뜻한다. 이것은 대만에서 사용되지 않는다.

14) '小巴'는 '소형 버스'를 의미한다. 이것은 대만에서 사용되지 않는다.

15) '的士'는 '택시'를 뜻한다.

16) '面的'는 '승합차 택시'를 뜻한다. 이것은 대만에서 사용되지 않는다.

17) '摩的'는 '오토바이 택시'를 의미한다.

18) '的哥'는 '남자 택시 기사'를 뜻한다. 이것은 대만에서 사용되지 않는다.

19) '的姐'는 '여자 택시 기사'를 뜻한다. 이것은 대만에서 사용되지 않는다.

20) '啤酒'는 '맥주'를 뜻한다.

21) '紮啤'는 '호프'를 뜻한다. 이것은 대만에서 사용되지 않는다.

22) '散啤'는 '생맥주'를 뜻한다. '청도'에서 이렇게 일컫는다. 이것은 대만에서 사용되지 않는다.

23) '生啤'는 '생맥주'를 뜻한다.

24) '黑啤'는 '흑맥주'를 뜻한다.

25) '暖啤'는 '따뜻한 맥주'를 뜻한다. 이것은 대만에서 사용되지 않는다.

26) '卡片'은 '카드'를 뜻한다.

27) '龍卡'는 '중국 인민건설은행의 신용카드와 저축카드'를 통칭하는 것이다. 이것은 대만에서 사용되지 않는다.

28) '綠卡'는 '영주권'을 뜻한다.

29) '聲卡'는 '사운드 카드'를 뜻한다. 이것은 대만에서 사용되지 않는다.

30) '磁卡'는 '마그네틱 카드'를 뜻한다.

31) '打卡'의 의미는 '카드를 인식기에 긁다'이다.

32) '酒吧'는 '술집' 혹은 '바(bar)'를 뜻한다.

　‘酒吧’는 영어로 ‘bar’인데 중국어에서는 이를 그대로 음역하여 거기에 비슷한 유형의 단어를 함께 사용하는 형식이다. ‘吧’는 순수 음역 성분인데 나중에 ‘酒吧’라는 외래어에 근거하여 사람들은 또 ‘吧台(카운터)’, ‘吧娘(술집 여주인)’, ‘網吧(PC방)’ 등 중국어 신조어를 만들어 냈다. ‘吧’는 이미 독립적인 구성 성분으로 되었으며, 그 의미로는 ‘…의 장소’이다. 또 예를 들면 ‘可口可樂’는 영어 ‘coca cola’의 음역어인데 이는 음과 뜻을 지닌 전형적인 예이다. 이로 말미암아 아무런 의미가 없던 음절 ‘cola’가 독립어의 자격을 갖게 되었는데 ‘百事可樂’(pepsi)와 중국의 ‘非常可樂’에서 ‘可樂’은 또 단어의 구성 어소가 되었다. 그중 ‘百事可樂’의 명칭은 모두 음역과 의역을 결합한 방법으로 번역된 것인데 ‘可樂’은 나중에 결합된 의역 성분이고 ‘可口可樂’은 음역의 방법으로 번역된 것이다. ‘可口’은 순수한 음역 성분인데 ‘非常可樂’은 기존의 중국어를 사용하여 만들어진 한자어이다. ‘巴士’(bus)에서의 ‘巴’는 ‘大巴’, ‘中巴’, ‘小巴’ 등의 신조어를 만들었는데, 이러한 음역어의 어소나 독립어의 사용 현상은 이것뿐이 아니다. ‘的士’는 영어 taxi를 광동어 그대로 음역한 단어인데 택시라는 의미를 나타낸다. ‘的士’의 약칭은 ‘的’인데 의미가 없는 음절이 의미를 가지는 어소로 되었으며, 그 의미는 ‘택시’이다. 자주 사용하는 신조어로는 ‘打的(택시를 타다)’이다. ‘的’과 관련된 일련의 신조어들을

---

33) ‘氧吧’는 두 가지 의미를 나타낸다. 첫째는 ‘산소가 부족한 사람들이 산소호흡을 하는 곳’, 둘째는 ‘음이온 공기청정기’를 말한다. 이것은 대만에서 사용되지 않는다.

34) ‘吧台’는 ‘카운터’를 뜻한다.

35) ‘網吧’는 ‘피시방’(PC房)을 뜻한다. 이것은 대만에서 사용되지 않는다.

살펴보면 예를 들어 '面的'은 '승합차 택시'를 말하고 '摩的'은 '오토
바이 택시'를 말하며 '摩的'은 '마차 택시'를 말한다. 이 예들은 모두
'택시'의 의미를 부여하고 있어 마차, 오토바이, 승합차 등 도로에서
주행하는 교통수단들에 두루 붙일 수 있다. 가장 의미가 있는 음역
어로는 '因特網'(internet)인데 90년대에 이르러 컴퓨터를 사용하는 인
구수가 상승함에 따라 이것과 연관되는 어휘가 '網'을 중심으로 속
속 출현되었다. 예를 들면 '網站',36) '網吧', '網址',37) '網頁',38) '網
友',39) '上網',40) '聊網'41) 등이다.

이상의 예들에서 보다시피 일부 외래어의 어소는 아직 안정적이지
않으며 아직도 발전 단계에 있다. 어떤 것들이 안정적인 어소인지,
어떤 것들이 임시적인 수식어인지는 아래 두 가지 방면에서 고려할
수 있다.

첫째는 특정적인 언어 환경을 벗어나 표면적인 의미가 명확한지
아닌지이다. 예를 들어 '酒吧'는 구체적인 문맥을 벗어나서도 '吧'가
여전히 명확한 의미를 가지고 있기 때문에 이것은 안정적인 어소에
속한다.

둘째는 더 많은 어소들과 결합하여 일정한 어휘 생산성이 있는지
이다. '秀'(show)는 단독으로 하나의 단어를 구성할 수 있으며 또한

---

36) '網站'은 '웹 사이트'이다.
37) '網址'는 '웹 주소'이다.
38) '網頁'는 '웹 페이지'를 의미한다.
39) '網友'는 '인터넷 친구'를 뜻한다.
40) '上網'의 의미는 '인터넷을 하다.'이다.
41) '聊網'은 '채팅'을 뜻한다.

동사 '見'과도 결합하여 합성어가 될 수 있다. 이외에도 수식어 혹은 중심 단어와도 결합하여 편정식[42]합성어를 구성할 수 있다. 영어 'down'은 현재 대만 청소년들이 '當'이라고 하는데 시험에 불합격하였을 때의 용어로 '被當', 시험 성적이 50점 미만으로 재시험을 볼 수 없을 때의 용어로 '死當', 50점에서 60점 사이의 성적으로 재시험을 볼 수 있는 경우를 일컬어 '活當'이라고 한다. 홍콩에서 유래된 '巴士'는 중국에서 진일보 발전하여 '大巴', '中巴', '小巴' 등으로 사용되고 있다. 이러한 조건에 부합되는 성분이어야 안정적인 어소라고 할 수 있다.

축약식 외래어의 어소는 모두 언어의 '임시 변화' 상태에 놓여 있다. 지금까지 안정적인 어소라고 할 수 있는 것은 片'(card)의 '卡', '酒吧'의 '吧' 등이다. 그래서 이를 제외한 어들이 이 사회에서 받아들여질지는 아직 명확하지 않다.

일반적인 상황에서 외래어는 첫 음절을 보류하고 전체 음역 성분을 대체하며 또한 하나의 어소로 합성어에 사용된다. 현대중국어에서 기존의 '老', '子', '頭' 등과 외래어에서의 '卡', '吧', '啤' 등을 비교해 보면 양자의 공통점은 이들이 어휘에서의 위치가 고정적이며 앞에 오거나 또는 뒤에 가기도 한다. 하지만 현저한 차이점이 있다. 예전의 어두와 어미에 있던 어소는 실제 의미가 완전히 약해지고 사

---

42) 중국어에서의 편정식이란 명사, 동사, 형용사 혹은 명사, 동사, 형용사성 어소가 단어들의 앞에 와서 수식 작용을 하는 어휘 혹은 어소 구성을 말한다. 명사, 동사, 형용사 혹은 어소는 중심어이고 수식 명사의 단어 혹은 어소는 관형어, 수식 동사, 형용사의 단어 혹은 어소는 부사어이다. 관형사, 부사어와 중심어의 관계는 편정 관계의 단어 혹은 구(句)이다.

라졌으나, 외래어의 어소는 그 원래의 실제 의미를 보존하고 있다.

또 다른 부류의 외래어는 그 외래어 자체가 일반적인 어휘로 보편적으로 사용되고, 또한 중국어에서 유용하게 어휘를 구성하며 합성어를 만드는 중요한 요소가 되었으며 강력한 단어 형성 능력을 가지고 있다.

[표 4] 음역어와 중국어 어소가 결합하여 형성된 신조어

음역어	중국어 어소	신조어
卡	生日	生日卡43)
	聖誕	聖誕卡44)
	賀年	賀年卡45)
	信用	信用卡46)
秀	餐廳	餐廳秀47)
	脫口	脫口秀48)
	透明	透明秀
	名人	名人秀49)
派	蘋果50)	蘋果派51)
	巧克力52)	巧克力派53)
咖啡54)	色	咖啡色55)
	館	咖啡館56)
	糖	咖啡糖57)
	店	咖啡店58)
馬拉松	會議	馬拉松會議59)
	賽	馬拉松賽60)
	式	馬拉松式61)
迷你	裙	迷你裙62)
	電池	迷你電池63)
	手表	迷你手表64)
	車	迷你車65)
	辭典	迷你辭典66)

음역어	중국어 어소	신조어
卡拉OK[67]	機	卡拉OK機[68]
	音響	卡拉OK音響[69]
	歌廳	卡拉OK歌廳[70]

---

43) '生日卡'는 '생일 카드'를 뜻한다.

44) '聖誕卡'는 '성탄 카드'를 뜻한다.

45) '賀年卡'는 '연하장'을 뜻한다.

46) '信用卡'는 '신용 카드'를 뜻한다.

47) '餐廳秀'는 '음식쇼 프로그램'을 뜻한다.

48) '脫口秀'는 '토크쇼'를 뜻한다.

49) '名人秀'는 '유명인사들이 참가하거나 진행하는 쇼프로그램의 일종'이다.

50) '蘋果'는 '사과'를 뜻한다. 대만에서는 '사과'를 '蘋果'라고 일컫는다.

51) '蘋果派'는 '애플파이'를 뜻한다.

52) '巧克力'는 '초콜릿'을 뜻한다.

53) '巧克力派'는 '초콜릿파이'이다.

54) '咖啡'는 '커피'를 뜻한다.

55) '咖啡色'는 '커피색'이다.

56) '咖啡館'는 '커피숍'을 뜻한다.

57) '咖啡糖'는 '커피 설탕'을 뜻한다.

58) '咖啡店'는 '커피점'이다.

59) '馬拉松會議'는 '마라톤회의'를 뜻한다.

60) '馬拉松賽'는 '마라톤 경기'를 뜻한다.

61) '馬拉松式'는 '마라톤식'을 뜻한다.

62) '迷你裙'는 '짧은 치마'를 뜻한다.

63) '迷你電池'는 '소형 건전지'를 뜻한다. 이것은 대만에서 사용되지 않는다.

64) '迷你手表'는 '미니시계'를 뜻한다. 이것은 대만에서 사용되지 않는다.

65) '迷你車'는 '미니카'를 의미한다.

66) '迷你辭典'는 '소사전'을 뜻한다.

67) '卡拉OK'는 '가라오케'를 뜻한다.

68) '卡拉OK機'는 '가라오케기'를 뜻한다. 대만에서는 이것을 '伴唱機'라고 일컫는다.

69) '卡拉OK音響'은 '가라오케 스피커'를 뜻한다.

70) '卡拉OK歌廳'은 '가라오케 노래방'을 뜻한다. 대만에서는 사용 안하고 'KTV'라고 일컫는다.

사실 고대에도 이러한 현상이 나타난 적이 있다. 극히 드문 사람들이 알겠지만 '胡'는 흉노족의 'Huns'에서 유래된 것으로서 흉노인을 지칭하는 것이었다. 현대중국어에서 '胡'는 아주 생산적인 구성어소이다. 이것은 외족의 물건을 지칭할 때 사용될 수 있으며 중국인들이 동서방 소수민족들에 대한 "蠻不講理, 隨性而來(도리가 없이 자기 멋대로 하다.)"라는 편견에서도 엿볼 수 있다. 그러한 예로는 '胡扯', '胡鬧', '胡說八道', '胡思亂想' 등이 있다. 또한 중국 민악(民樂) 중의 '二胡', '高胡', '京胡', 남조 시대의 '胡' 역시 '胡琴'의 축약으로 만들어진 실질어소이다. 불교가 중국에 전파된 후 중국에는 '塔'가 생겼으며 중국어에도 이 단어가 생겼다. 현대중국어의 '水塔', '寶塔', '燈塔', '記念塔' 등은 모두 탑 형태의 건축물들을 지칭하며, 이것들은 모두 불경의 '塔'에서 유래된 것이다. 또 불교 중의 '魔'로 구성된 어휘로는 '魔王', '魔子', '魔女', '魔民', '魔兵' 등이 있다.

외국과의 접촉 기회가 증가됨에 따라 외래문화와 중국 문화는 완벽한 조화를 이루었으며, 대중의 외래문화에 대한 동질감이 나날이 증가되었다. 서로 다른 민족 간의 문화 교류는 외래 어소의 출현이 그 계기가 되었다. 외래 사물의 도입과 확산, 대중이 외래문화에 대한 동질감은 모두 외래 어소가 중국어에 자리 잡는 것을 촉진하는 필수 조건이다. 이러한 외래 어소들은 모두 재빨리 중국어의 어휘 행렬에 들어섰으며 어떤 어휘는 중국어의 기본 어휘에도 속하였다. 중국인들이 외래어에 물들었다는 것은 외래어가 중국어의 일부가 되었다는 것을 입증하며, 외래어가 왕성한 생명력을 가지고 있음을 뒷받침하여 준다.

1.2. 음역어의 발전 추진

많은 외래어가 짧은 기간에 급속히 중국어에 수용되었는데 섭렵하는 범위는 역사상 전례가 없었다. 사람들의 일상생활에서의 교류뿐만 아니라 임의의 한 언어 자료를 펼쳐보아도 대량의 외래어가 사용되고 있다. 또한 정치 영역, 경제 영역, 과학영역 및 생산 영역, 생활 영역 등에서 외래어의 사용 빈도가 매우 높은 편이다.

'公共汽車',[71] '火車'[72] 등과 더불어 '的士'라는 새로운 교통수단의 명칭이 생겨났다. 최근 사람들은 옷을 단지 그 보온성만 중요시하는 것이 아니라 여러 가지 각양각색의 스타일을 추구함에 따라 옷의 브랜드와 유형들도 점점 많아지는 추세이다. 이러함에 따라 쓰이게 된 외상 계통의 외래어는 '耐克',[73] '迷你裙',[74] '夾克'[75] 등이다.

사람들의 생활수준이 나날이 높아짐에 따라 사람들이 먹는 것, 마시는 것들을 점점 더 추구한다. 그리하여 이것들에 관한 외래어도 점점 많아지고 있다. 마시는 것에 관한 외래어로는 '咖啡', '可口可樂', '雪碧'[76] 등이 있고, 먹는 것에 관한 외래어로는 '麥當勞',[77] '肯德基',[78] '巧克力' 등이 있다.

---

71) '公共汽車'는 '공용 버스'를 뜻한다.
72) '火車'는 '기차'를 뜻한다.
73) '耐克'[nài kè]는 '나이키'이다.
74) '迷你裙'은 '미니스커트'를 뜻한다.
75) '夾克'는 '재킷'을 뜻한다.
76) 중국에서는 '스프라이트'라고 하는데 한국에서의 '사이다'이다
77) '麥當勞'는 '맥도날드'이다.
78) '肯德基'는 'KFC'을 지칭한다.

중국어가 외래어를 수용할 때 그 의역(意譯)이 가장 큰 우세를 차지한다. 외래어 중에는 음역어(音譯語)도 있고 의역어(意譯語)도 있는데, 음역어에서 의역어를 배제하는 것보다 의역어에서 음역어를 배제하는 경우가 더 많다. 하지만 사람들이 처음으로 외지의 물건이나 개념을 접할 때 정확한 진상을 잘 모른다. 이런 경우 의역의 방식으로 물건이나 개념을 표현하여서는 안 되고, 음역의 방식으로 수용하여야 한다. 실제로 많은 외래어가 처음에는 모두 음역의 방식으로 수용되고 나중에 다시 음역으로 수정된다. 예를 들어 '德謨克拉西'(democracy)는 후에 '民主'로 바뀌었고 '賽因思'(science)는 '科學'으로, '水門汀'(cenment)는 '水泥'로, '煙士披裏純'(inspiration)은 '靈感'으로 바뀌었다. 여러 학자가 이런 현상에 대하여 서로 다른 의견을 가지고 있다. 王力(1980)에서 다음의 (13)와 같이 언급하고 있다.

> (13) 의역은 중국어에서의 우량한 전통이다. 외래어는 간단하고 쉽게 이해할 수 있으며 또 쉽게 기억된다. 때문에 군중에게 쉽게 받아들여진다. 의역과 중국어의 특성도 서로 공통점이 있을 가능성이 있다.

또한 張德鑫(1996)에서 "주요한 것은 중국어가 아니라 한자가 음역에 적합하지 않다."라고 한다. 陳原(1998)에서 "중국어 외래어는 음역을 거부한다. 이것은 외래어의 의미가 원어의 의미와 많이 다르기 때문이다."라고 한다. 표의문자를 표음문자로 바꿔 쓸 때 그 단어가 표현하는 개념은 무조건 그 단어의 서사 형식과 분리되는 현상이 존재한다. 중국어의 의역이 더욱 우세를 차지하는 것은 한자의 표의성과 아주 큰 연관성이 있음을 설명한 것이다. 또한 중국어는 음절문자로 하나의 글자가 하나의 음절이지만 서양 문자는 다음절 형태의 소문자이기 때문이다. 그러므로 중국어는 음절 한자를 외래어로 전환하여 쓸 때 항상 어려움을 겪고 여러 한자로 하나의 어소 문자로 바꿔 써야 한다. 음역으로 만들어진 외래어는 가끔 발음하기가 익숙하지 않은데, 한동안의 사용 기간을 지나면 여러 환경에서 음역을 쓰지 않고 새로운 의역어를 만들어 낸다. 이를 통해서 외래어는 음역에서 의역으로 바뀌는 것을 알 수 있는데, 이것은 쉽게 알 수 있는 추세이다. 지난날 외래어를 수용할 때 모두 긴 시간의 흡수와 융합 단계를 경과하여 규범적인 의역어가 된다. 또한 이러한 의역어는 중국어의 기본적인 조어 방식에 부합된다.

그런데 사회의 발전에 따라 새로운 사물과 개념들이 끊임없이 나타나며 사람들의 사유도 점점 세밀하고 복잡하다. 이러한 경향들은 모두 사람의 사회생활 속에서 외래어에 대한 필요성을 알게 하고 또한 어휘가 부단히 풍부해지도록 촉진한다. 의역법의 사용은 원어의 내포(內包)와 외연(外延)에 대한 전면적인 인식을 필요로 하며, 지식이 폭증하는 시대에 들어선 오늘날 전문 용어는 점점 더 빠른 속도로 갱신되어 의역의 방법을 쓸 겨를이 없게 된다. 어떠한 단어는 내포적인 의미가 너무 커서 두세 한자로 개괄하기에는 무리가 있다. 그리하여 사람들은 왕왕 직접 음역하는 방법으로 새로운 음역어를 만들어 낸다.

李行健 등이 편찬한 "漢語新詞詞典"(2002년 증보판)은 최근 몇 년 동

안 신조어와 새로운 내용이 1,200여 가지가 증가되었으며, 그중 영어로 도입된 외래어는 30여 가지가 된다. 예를 들면 '蹦極'(bungy),[79] '黑客'(hacker, 해커),[80] '歐佩克'(OPEC, 오펙),[81] '雅飛士'(yuffies),[82] '雅皮士'(yuppies)[83] 등이다. 서양 자모로 시작하는 단어들도 점점 더 보완이 되고 있다. 이러한 여러 상황에서 볼 때 중국어의 음역 외래어는 점점 상승하는 추세임을 알 수 있다.

張淸源은 1957년에 '현대중국어외래어에 대한 초보적인 분석에서 얻은 몇 가지 인식'(從現代漢語外來語初步分析中得到的幾點認識)이라는 논문에서 음역어의 필요성에 대하여 다음과 같이 여러 방면에서 설명하고 있다.

첫째, 더욱 구체적이고 더욱 정확하게 중외 교류의 기물(器物)과 개념을 나타내기 위하여 음역어가 필요하다. 고대 중국어에서 음역어를 제외하고 흔히 외래의 사물 혹은 개념에 대하여 하나의 비교적 모호한 명칭을 사용하였다. 예를 들면 '胡椒', '胡琴', '胡桃' 등이 그 예이다. 근대에도 '洋船', '洋車', '西服', '西餐' 등의 외래어들이 유행하였다. 그런데 그 후 중외 교류의 사물과 개념들이 예전보다 훨

---

79) '蹦極'(bungy)는 '번지점프'를 뜻한다.
80) '黑客'(hacker)는 '해커'를 뜻한다.
81) '歐佩克'는 'OPEC'이다. 'OPEC'는 'Oganization of Petroleum Exportin'(석유 수출국 기구)의 약자이다.
82) '雅飛士'(yuffies)는 서방국가에서 수용된 외래어인데, '도시의 실패한 청년'을 뜻한다.
83) '雅皮士'(yuppies)는 '여피족'을 뜻한다. 이것은 고등교육을 받고, 도시 근교에 살며, 전문직에 종사하여 고소득을 올리는 젊은이들로서 1980년대 젊은 부자를 상징한다.

씬 많아 그들의 세밀한 차이와 특성에 대하여 유지하고 또한 더욱
구체적이고 정확하게 표시하기 위하여 이런 모호한 외래어를 더 이
상은 사용하지 않았다. 만약 합당한 의역어를 찾지 못하면 음역어를
쓸 수밖에 없다. 예를 들어 우리는 외국의 악기를 모두 '胡琴' 혹은
'揚琴'이라 부르지 않고, 따로 '曼陀林',84) '梵啞鈴',85) '吉他',86) '披
夏娜'87)라고 불렀다. 또한 '西服' 같은 단어는 현대중국어에서 흔히
남자가 입는 일종의 복장을 뜻한다. 이외에 의상을 뜻하는 외래어로
는 '布拉吉',88) '甲克'89) 등이 있다. 또 외국의 술에 관한 외래어로는
'啤酒', '威士忌',90) '白蘭地', '伏特加',91) '香檳'92) 등이 있고, 외국의
무용에 관한 외래어로는 '華二慈',93) '探戈',94) '波爾卡',95) '馬左
卡'96) 등이 있다. 이런 외래어들을 모호하게 '洋酒', '西曲'이라고 하
지 않고 각각의 명칭으로 구별하였으며, 중국에서는 이러한 단어의

---

84) '曼陀林'은 '만돌린(mandolin)'을 뜻한다. 이것은 서양 악기의 하나다.
85) '梵啞鈴'은 지금의 '小提琴'으로, '바이올린'을 뜻한다.
86) '吉他'는 악기인 '기타(guitar)'를 의미한다.
87) '披夏娜'은 오늘날의 '鋼琴'으로 '피아노'를 뜻한다.
88) '布拉吉'는 원피스(one-piece)'를 의미한다. 이것은 상의와 하의가 나뉘지 않고 하
   나로 된 여성의 옷이다.
89) '甲克'은 '재킷'을 의미한다.
90) '威士忌'는 '위스키'를 뜻한다.
91) '伏特加'는 러시아의 술인 '보드카(vodka)'를 의미한다.
92) '香檳'은 '샴페인(champagne)'을 뜻한다.
93) '華二慈'는 '왈츠'를 의미한다.
94) '探戈'는 '탱고'를 뜻한다.
95) '波爾卡'는 '폴카'를 의미한다.
96) '馬左卡'는 폴란드의 민속춤인 '마주르카(mazurka)'를 뜻한다. 이것을 대만에서는
   '馬祖卡'라고 한다.

음성 형식을 사용하였다.

둘째, 어떤 외래어들의 개념은 중국어로는 대응하는 어휘나 이를 간단명료하게 표시할 수 없다. 예를 들어 '圖騰', '雷達', '歇斯底裏',97) '布爾什維克'98) 등이 있다. '歇斯底裏'(Hysterie)는 일종의 복잡한 병명인데, 어떤 사람은 이것을 '臟躁症'99)이라고 하였다. '臟躁症'은 원어의 복잡한 개념을 표현할 수 없는 것이다. 또한 '戰爭歇斯特裏'100)를 '戰爭臟躁症'이라고 하여도 그 깊은 풍유의 의미를 나타낼 수 없다. '浪漫主義'라는 단어도 그 원어의 의미를 완전하게 설명할 수 없다. 그렇기 때문에 이러한 단어들은 지금까지 의역어가 되지 못하였다.

셋째, '塔斯社',101) '納粹'102) 등과 같은 것들도 의역어보다는 음역어가 더 간단하여 음역이 비교적 안정적이다.

넷째, 여러 가지 일정한 민족 성질을 가지거나 혹은 특성을 가진 외래어는 흔히 음역어로 대신한다. 예를 들면 '紗麗',103) '沙龍',104) '撲克', '布丁',105) '芭蕾舞',106) '安拉',107) '耶和華'108) 등이 있다.

---

97) '歇斯底裏'는 '히스테리(Hysterie)'를 의미한다.
98) '布爾什維克'는 '볼셰비키'를 뜻한다.
99) '臟躁症'은 정신분열증상의 하나로 안절부절 못하며 울다 웃다를 반복하는 증상을 뜻한다.
100) '戰爭歇斯特裏'는 '전쟁 히스테리'를 의미한다.
101) '塔斯社'는 '타스'를 뜻한다.
102) '納粹'는 '나치'를 뜻한다.
103) '紗麗'는 인도여성들의 옷인 '사리'를 뜻한다. 이것을 대만에서는 '紗龍'이라고 한다.
104) '沙龍'은 '살롱(salon)'이다.
105) '布丁'은 서양 음식의 일종인 '푸딩'을 의미한다.

다섯째, 일반적으로 의역을 할 수 없는 신조어, 인명, 지명 등은 모두 음역으로 하여야 한다. 전에는 고유명사인 인명이 보통명사가 된 것 중에서 음역을 하지 않은 것이 있다. 예를 들면 '繆斯',109) '丘比得'110) 등이다. 중외 무역 및 기타 교류에서도 많은 고유명사가 수용되었다. 특히 상표의 명칭들이 흔히 일반명사로 사용되는 경우가 많다. 이런 것들도 의역으로 하면 안 된다. '派克',111) '歐米茄'112) 등이다.

음역어는 더 이상 우리에게 낯선 단어가 아니다. '開司米', '勃朗寧',113) '蒲式耳' 등은 순수한 음역어이다. 그리고 '維他命'(vitamin), '滴滴涕'(DDT) 등과 같이 표의적인 정분을 가진 음의겸역어(音意兼譯語)가 대량으로 나타났다. 이런 단어들은 한자와 음성이 직접적인 관계가 없기 때문에 음역으로 중국어의 표음 기능을 증가시키고 두 가지 언어가 서로 전환할 때 최대한 대등의 원칙이 충분하게 적용되도록 의미상의 누락이 없게 한다.

일반적으로 외래어는 다른 민족이나 외국의 어떠한 사물과 사상

---

106) '芭蕾舞'는 서양 무용의 일종인 '발레'를 뜻한다. 이것을 '脚尖舞'라고도 일컫는다.

107) '安拉'는 이슬람교의 신인 '알라'를 의미한다.

108) '耶和華'는 '여호와'를 의미한다.

109) '繆斯'는 '뮤즈'로 '詩神' 혹은 '예술의 신'을 뜻한다.

110) '丘比得'는 '큐피드'로 사랑의 신이다. 이것을 대만에서는 '丘比特'라고 한다.

111) '派克'는 만년필의 일종인 '파커'를 지칭하는 외래어이다.

112) '歐米茄'는 시계 브랜드인 '오메가'를 뜻한다.

113) '勃朗寧'은 '브라우닝'을 지칭하는 외래어이다. 이것은 '포도주가 숙성된 정도를 판단하는 기준'을 의미한다.

관념이 중국어에 수용이 된 것이다. 음역은 원어의 문화적인 색채, 정신세계를 잘 보여 준다. 그리하여 '伊甸園'114)은 '天國樂園'이라고도 하고 '安琪兒'115)을 '天使'라고도 하지만 사람들은 일상적으로 전자를 사용한다.

董秀梅(2001)에서는 현대인들은 음역어에 대한 관심과 수용 능력은 예전의 그 어느 시대보도 훨씬 높아 음역어의 양이 급속도로 증가하고 있다고 한다. 그리고 인명(人名), 지명(地名), 국명(國名) 등을 제외한 기타 어휘도 모두 음역어라고 한다. 예를 들면 '克隆',116) '基因',117) '伊妹兒',118) '肯德基', '納米'119) 등이다. 신조어들이 음역의 방식으로 만들어졌을 뿐만 아니라 의역어들도 음역어로 바뀌었다. 또 처음에 수용될 때에는 의역의 형식으로 쓰이었는데 나중에는 음역어로 바뀐 것들이 있다. '激光'120)는 중국에서 정식으로 확정한 의역어인데 최근 유흥업소에서는 거의 '雷射'를 사용한다. 또 '邏輯'121)를 전에는 '名學'이라고 하였는데 나중에는 '論理學' 또는 '理則學'라고 하였다. 그런데 오늘날에는 그러한 단어들을 사용하지 않고, 음역어인 '邏輯'를 많이 사용한다. '卡通'122)는 이른 시기에 '卡通'으로 음역되

---

114) '伊甸園'은 '에덴'을 뜻한다.
115) '安琪兒'는 '엔젤'을 지칭하는 외래어이다.
116) '克隆'은 '클론'이다.
117) '基因'은 '유전자'를 뜻한다.
118) '伊妹兒'는 '이메일(E-mail)'을 의미한다.
119) '納米'는 '나노'를 뜻한다.
120) '激光'은 '레이저'를 의미한다.
121) '邏輯'는 '논리'를 의미한다.
122) '卡通'은 '만화'를 뜻한다.

었는데, 나중에는 의역어 '動畫片'으로 바뀌었다. "現代漢語詞典"에
서는 '動畫片'을 '인물의 표정, 행동, 변화 등을 나누어 많은 그림을
그리고, 다시 카메라로 연속 촬영을 하여 만들어진 것'이라고 정의
하고 있다. '動畫片'과 단어 자체의 의미는 완전히 부합되고 수십 년
동안 널리 사용되었지만, 최근 중국에서는 또다시 '卡通'을 사용한
다고 한다.

　오늘날 남녀노소 모두가 '再見'보다 '拜拜'를 더 많이 사용한다. 또
한 적지 않은 사람들이 '是'123)보다도 '也死, 也'124)를 더 사용한다.
또한 '酷', 이 한 글자가 현재 유행어 중의 하나로 꼽히고 있다. 어쩌
면 이것은 사람들이 외래어에 대한 호기심을 나타내는 현상일 수도
있고, 외래어를 사용하면 더욱 흥미롭다고 느끼기 때문일지도 모른
다. 특히 홍콩과 대만 지역의 사람들은 한자(漢字)의 표의적 성능을
충분히 이용하며 한자의 사용에 있어서 음성과 의미를 동시에 세심
하게 고려하여 이를 중국어의 단어 구성과 새로운 어휘의 창조에 도
움이 되게 하며 사람들로 하여금 어감에 있어서 외래어라는 느낌을
받지 않게 한다. 나아가 이러한 음역 형식의 영향 하에 중국어의 신
조어에도 순수한 음역어 형식이 나타나기 시작하였다. 그러한 것들
은 주요한 상품과 상점의 명칭인데, 어떤 것들은 직접 만들었고 어
떤 것들은 외국어를 본떠서 만든 후 음역하여 중국어 명칭으로 하였
다. 또 어떤 것들은 중국어와 외국어를 모두 고려하여 만들기도 하

123) '是'는 '맞다' 혹은 '예'를 뜻한다.
124) '也死'와 '也'는 상대가 묻는 말에 긍정하여 대답하는 말인 '예'를 의미한다.

였다. 영어 음소는 임의의 조합성이 강하여 그 의미의 표현 의존성
이 약한데, 중국어 문자는 논거성이 아주 강하다. 중국어 상품 명칭
은 기본적으로 일정한 의미를 나타내는 어휘이다. 그런데 영어 상호
를 번역할 때 중국어의 어휘 조합의 의미 제한을 극복하고 중국어
어휘의 관습적인 조합 모형을 벗어나 외래어로 하여금 독특함을 갖
게 한다. 그러한 예를 들면 '潘婷',125) '多芬',126) '達美樂'127) 등이다.

가장 사람들에게서 찬사를 받는 외국 상호의 음역어는 간결하고
서술이 풍부한 것이다. 그러한 예는 '寶馬',128) '標致',129) '耐克',130)
'佳能',131) '可口可樂', '愛維養'132) 등이다. 이것들은 사람들로 하여
금 상품의 명칭을 쉽게 기억하게 하고, 원래의 상품에는 없는 중국
문화와 심미관을 교묘하게 첨가하여 상품의 우월성을 암시한다. 이
러한 상호의 광고 효과는 상품의 판매에 튼튼한 기초가 되게 한다.

요컨대 음역어는 무한한 발전 기세를 가지고 있으며, 특히 음의겸
역과 같은 형식의 음역어는 더욱 빠른 속도로 발전할 것이다. 그런
데 순음역어(純音域語)는 발전 속도가 비교적 느리다. 순음역어는 어
휘 구조와 의미가 복잡하고, 사람들로 하여금 음역으로 어휘의 의미
를 이해하는 데 어려움을 겪게 한다. 또한 사람들은 한자의 표의성

---

125) '潘婷'은 '팬틴' 샴푸를 뜻한다.
126) '多芬'은 '도브' 바디 제품을 지칭한다.
127) '達美樂'은 '도미노 피자'이다.
128) '寶馬'는 'BMW'이다.
129) '標致'는 '푸조'를 지칭한다.
130) '耐克'을 대만에서는 '耐吉'라고 한다.
131) '佳能'은 '캐논'을 뜻한다.
132) '愛維養'은 '에비앙'을 지칭하는 외래어이다.

을 충분히 이용하려는 경향이 한자의 음과 의미를 동시에 활용하여
중국어의 단어 구성과 새로운 단어의 창조에 긍정적인 역할을 하게
끔 한다.

1.3. 서양 자모자 형식 안정

이른 시기에 대다수의 현대중국어 교재들이 외래어에 대하여 언급
할 때 순음역어, 반음반의역어,133) 음역어에 중국어 어소를 첨가한
외래어,134) 음의겸역어135) 등을 제시하고, 서양 자모자가 혼합되어
만들어진 단어에 대하여서는 제시하지 않았다. 이러한 사실을 발견
한 사람들도 있지만 그들은 그러한 단어를 '잡종어'로 비하하여 교
재에 수록할 여지를 주지 않았다. 1956년에 공포한 '중형 현대중국
어 사전 편찬법(초고)'에서도 이것들은 중국어 발전 규칙에 어긋나기
때문에 수록을 금지한다고 하였다. 그 후의 "現代漢語詞典" 등 참고
서들은 모두 이 원칙에 근거하여 편찬된 것이다. 1979년에 출판된
"辭海"136)에 처음 기록되었는데, 제일 마지막 부록에 서양 자모어라
는 항목을 만들었다. 그런데 이것을 목록에는 넣지 않았고, 63개의

---

133) 這種方法主要用於複合外來詞, 可以分爲兩類。一是前半部分采用音譯, 後部分采用意
　　譯 이런 방법은 주요하게 합성외래어에 사용되는데 두 가지 유형으로 나눌 수
　　있다. 즉 앞부분은 음역으로 뒷부분은 의역으로 나눈다.

134) 音譯加類名詞是在音譯部分前後加上表示類名的詞。음역어에 중국어 어소를 첨가한
　　외래어는 음역의 앞뒤부분에 그 음역어와 흡사한 유형의 단어를 붙여 하나의 새
　　로운 외래어를 완성하는 것이다.

135) 음의겸역어는 음과 의미를 함께 번역한 외래어이다.

136) "사해"는 단어와 각종 영역의 어휘를 수록한 종합적인 대형 사전이다.

단어만 수록하였다.

현대 사회는 정보화의 사회이다. 세계의 발전과 경쟁의 가속화는 경제, 문화, 정치를 막론하고 모두 가속화된 현대 기술로써 정보를 전달하려고 한다. 그런데 구조가 복잡하고 양이 엄청난 중국어는 이에 어울리지 않는다. 비록 현대 과학 기술이 컴퓨터의 입력 등 통신 기술을 해결하기도 하지만, 설비가 복잡하고, 비용이 많고 연습과 숙달 역시 어렵고 번거롭다. 이러한 것은 중국어의 발전에 어려움을 주고 또한 사용자들에게도 불편을 준다. 정보 시대의 이러한 점은 정보의 전달 장치가 발달할수록 경제적이고, 간단한 정보 기호로 많은 정보를 전달하고자 한다. 그리하여 서양 자모가 혼합되어 만들어진 외래어들이 우리의 구어와 서면에 점점 많이 쓰이게 된다.

영어는 국제 사회에서 가장 많이 통용되는 언어이다. 그래서 중국인들은 영어를 사용하는 기회가 점점 많이 생기고, 여러 대중 매체에서 영어 교육을 중시하여 다룸으로써 사람들의 영어 수준이 날로 제고되고 있다. 이 모든 것은 사람들로 하여금 국제 사회에서 자주 사용하는 영어의 표현에 점점 더 익숙하게 하며, 사람들이 여러 상황에서의 중국어 대화에서도 영어를 사용하는 여건을 마련해 주었다. 그리하여 중국어의 서양 자모어는 모두 로마자로 되어 있는데, 국제적으로 통용되는 로마자를 축소한 예로는 'CT', 'DNA' 등이 있다. 그러한 단어들은 전칭에 비하여 많이 축소되었다. 이것들은 현대 사회에서 어떤 사물과 현상에 대한 특정부호의 지칭이며, 국경의 제한을 받지 않고 정보 전달에서 아주 간결한 특징을 갖고 있다.

史有爲(1997)에서는 한자와 문화의 관점에서 중국어의 서양 자모어가 증가하는 원인에 대하여 다음의 (14)와 같이 말하고 있다.

> (14) 전통문화는 한자와 어울리지 않으면 안 되며 현대 과학 기술
> 과 외래문화만이 한자와 어울리지 않는 것이 가능하다. 그러
> 나 이러한 어울리지 않는 요소는 무조건 새로운 것으로 추가
> 를 하여야 한다. 현대 문화 개혁 단계에 있는 중국은 끊임없
> 이 새롭거나 외래적인 지식들을 많이 도입하여야 한다. 다시
> 말하자면 로마자가 중국어 체계에 나타나는 것은 막을 수 없
> 는 일이다.

우리는 흔히 서양 자모어가 신문, 잡지, 텔레비전 등 대중 매체에
쓰인 것을 볼 수 있다. 王吉輝·焦妮娜(2001)에서는 서양 자모어의 수
용 대상이 서로 다른 석간신문과 청년보를 조사 대상으로 삼아 서양
자모어의 사용 상황에 대하여 조사를 하였다.137) 조사 결과 서양 자
모어가 신문에 출현한 수는 예상을 훨씬 넘었다. 각 신문에서 모두
대량의 서양 자모어가 사용되었다. 제일 적은 것이 40개이고, 가장
많은 것은 놀랍게도 193개이며 출현 빈도도 매우 높았다. 105일 동
안의 신문에서 13일의 신문을 제외하고 모두 일정한 양의 서양 자모
자어가 쓰이었다. 중국 신문들에 서양 자모어가 쓰인 실태는 다음의
[표 5]와 같다.

---

137) 조어 상황의 몇 가지 설명 : 1. 선정된 신문은 반드시 일정한 사회영향력이 있
 어야 하며 사회에 광범하게 알려진 것이어야 한다. 2. 조어시간은 2001년 9월
 1일~2001년 9월 15일까지이다. 3. 광고내의 서양자모어는 통계 대상에서 제외
 한다.

[표 5] 중국 신문들에 서양 자모어가 쓰인 실태

항목 ＼ 신문	인민일보	북경일보	천진일보	북경 석간신문	오늘밤 보	중국 청년보	천진 청년보
출현 총수	54	70	47	117	52	40	193
출현 총 차수	265	172	219	426	135	195	3029
불 출현 수	0	4	2	4	2	1	0

　서양 자모자 형식의 연속 사용은 간결하고 효과적으로 표현이 되며 정보화 사회가 언어에 대한 요구에 부합한다. 한편으로는 짧은 시간 내에 많은 외래어의 도입에 어려움을 주었던 것을 해결하고, 다른 한편으로는 순음역어가 음과 의미의 결합에 어려움을 주었던 것을 해결하였다. 가장 처음으로 이러한 신조어 방식이 사용된 것은 자연과학 분야다. 물리학, 수학 등 학문에서 자주 사용되는 어휘와 의학에서 사용되는 'X光' 등이 이러한 조어법을 사용하였다. 그런데 수량이 제한되고 사용 범위가 특정적이어서 하나의 언어 현상으로 보기에는 사람들의 주의를 끌지 못하였다. 그런데 현재 대중 매체들이 발달하여 전에는 전문 영역에서만 사용되던 서양 자모자어가 지금은 일상생활에서의 신조어를 생성하는 수단이 되었다. 수많은 서양 자모어가 사회생활 각 영역에서 광범위하게 사용되며 정치, 경제, 군사, 과학 기술 및 일상생활의 의(衣), 식(食), 주(住) 등에도 모두 빈번하게 사용된다. 예를 들어 과학 기술 분야에는 IBM, Inter, AMD,138) Dell, IP, LCM, GPS, DSP, QQ, TMSI, PUK, SIM, PIN, STK,

---

138) 'AMD'는 인텔사의 X86 계열 마이크로프로세서와 호환되는 애슬론(Athlon) 시리즈를 만드는 미국의 반도체 기업이다.

CDMA, GPRS, GSM, CEO, PDA, NEC, VCD, CD, DVD, MP3, PDVD 등이 있다. 경제 분야에는 K線,[139) A股,[140) B股,[141) ST, PT, DAX, CAC, IPC, GNP, GDP, CPI, QMS, AFG 등이 있다. 군사 분야에는 AK, MPS, MPSSD3, F-15, NMD, TMD, CIA, FBI 등이 있으며, 교육 분야에는 GRE, MBA, L.S.A.T, SBC 등, 오락 분야에는 BLUERAIN, HOUSE, RAP, KTV, RPG, 卡拉OK 등이 있다. 스포츠 분야에는 NBA, FILA, MLB 등, 생화학과 의학 분야에는 PPA, RSE, HLA, AIDS, CT 등, 정치 분야에는 APEC, WTO 등이 있다. 기타 분야에는 EMS, CEO, WHO, GPRS, CDMA, NBC, IDP, ATTAC, EMA, IMF 등이 있다.

일부 전문가들이 일상적으로 사용하는 국어에 외국어 전문 용어를 넣어서 사용하는데, 이러한 현상은 보편적인 것으로 임의의 전문지에서도 모두 볼 수 있다. 음역어와 의역어의 양도 적지는 않지만 번역을 잘한 것이 있다. '臭蟲',[142) '快取',[143) '病毒'[144) 등은 비교적 이해가 쉬운 예들이다. 그런데 '編輯器',[145) '中央處理器',[146) '微處理

---

139) 'K線'은 칼슘 원자에 의한 흡수선으로 파장 3934Å이다. 1814년에 프라운호퍼가 태양의 스펙트럼 위에 나타나는 비교적 강한 흡수선을 파장이 긴 쪽에서부터 차례로 A, B, C, … H, K라 이름 지었다.
140) 'A股'는 '중국인 대상 주식'을 지칭한다.
141) 'B股'는 '외국인 대상 주식'을 뜻한다.
142) '臭蟲'은 '빈대'를 뜻한다.
143) '快取'는 '캐쉬'이다.
144) '病毒'은 '바이러스'를 지칭한다.
145) '編輯器'는 '에디터'를 뜻한다.
146) '中央處理器'는 'CPU'를 뜻한다.

器', 147) '管理信息系統', 148) '國際標準化組織', 149) '基本輸入輸出系統'150) 등은 어떤 의미를 나타내는지 이해하기가 어려운 것들이다. 더욱이 '器'는 두 개의 의미가 있는데, 컴퓨터 프로그램일 수도 있고 컴퓨터 하드웨어 디바이스일수도 있기 때문에 쉽게 착각할 수 있다. 그래서 이러한 단어들은 원어의 자모를 이용하여 사람들로 하여금 쉽게 사용하고 쉽게 이해할 수 있는 단어로 만들어 사람들이 자연스럽게 사용할 수는 있으나 이에 대응하는 중국어 명칭이 무엇인지는 모른다. 이것들은 중국어의 일부분이며, 중국어의 서양 자모어이다.

또한 동서양 문화의 끊임없는 교류에 따라 알파벳을 이용하여 형상성 표현을 하는 단어들이 중국어에 자주 나타난다. 'A股', 'B股', 'U形鋼', 151) 'Y形樓'152) 등은 모두 서양 자모 외래어이다. 구체적으로 의학에서 자주 사용하는 'O形腿', 153) 'X形腿', 154) 패션계에서 자주 사용하는 'T台', 155) 'V字領', 156) 'A型款式', 157) 'H型款式', 158) 증

---

147) '微處理器'는 '마이크로프로세서'를 지칭한다.
148) '管理信息系統'은 '경영정보시스템'을 뜻한다.
149) '國際標準化組織'은 '국제 표준화 기구'이다.
150) '基本輸入輸出系統'은 '넷바이오스'를 지칭한다.
151) 'U形鋼'은 'U형 모양의 강철'을 뜻한다.
152) 'Y形樓'는 'Y형 모양의 집'을 지칭한다.
153) 'O形腿'는 'O형 다리'를 지칭하는 외래어이다.
154) 'X形腿'는 'X형 다리'를 뜻한다.
155) 'T台'는 'T station show'이다.
156) 'V字領'은 '브이넥'을 뜻한다.
157) 'A型款式'은 'A라인-A'자 모양으로 위쪽이 작고, 옷 아래쪽을 향하여 넓게 퍼진 실루엣이다.
158) 'H型款式'은 H라인으로 모양이 강낭콩을 닮은 점에서 프랑스어로 아리코 베르라고도 한다. 루스피팅(loose-fitting : 가슴·몸통·허리의 과장이 없고, 웨이스트에

권업체에서 자주 사용하는 'K線圖',159) 'M頭',160) 'W底',161) 'T型',162) 국제 장기에서 자주 사용하는 'L型',163) 그리고 생활 속에서 자주 사용하는 'S型',164) 'V字形',165) 'U字形'166) 등과 같은 외래어는 중국어의 표현 방식을 풍부하게 할 뿐만 아니라 사람들의 생활 방식에도 많은 영향을 끼친다.

중국어는 서양 자모어의 영향을 받아 이와 비슷하거나 같은 종류의 형식으로 새로운 단어를 만들어낸다. 외국어 형식을 이용하여 만든 신조어는 중국어가 의미를 완전히 전달하지 못하는 점을 보완해 주고 간결하고 사용하기 편리하여 사용빈도가 높다. 그 예를 들어 보면 다음의 (15)와 같다.

(15) BB機167)–尋呼機168)

    k書-讀書

    GF169)

여유가 있는 선) 경향의 시초이다. 이 선의 특징은 어딘가에 한 줄의 가로선의 악센트를 볼 수 있는 것이다.

159) 'K線圖'는 '캔들 차트'를 뜻한다.

160) 'M頭'는 '주식 차트 캔들 양봉'을 뜻한다.

161) 'W底'는 '주식 차트 캔들 음봉'을 지칭한다.

162) 'T型'은 'T형 캔들'을 뜻한다.

163) 'L型'은 'L형 수축포장기'를 지칭한다.

164) 'S型'은 'S라인'을 뜻한다.

165) 'V字形'은 'V라인'을 지칭한다.

166) 'U字形'은 'U라인'을 지칭하는 외래어이다.

167) 'BB機'는 '삐삐, 무선호출기'를 지칭한다.

168) '尋呼機'를 대만에서는 '傳呼機'라고 일컫는다.

169) 'GF'는 girl friend의 약칭이다.

서양 자모자를 모방하여 만든 신조어들은 형식이 간결하고 새로워 매체에 대거 등장하였다. 서양 자모자의 수량이 급속하게 증가하는 추세이기는 하지만, 변화하는 속도 또한 빠르기 때문에 이것들이 중국어에서 지속적으로 자리를 잡을 수 있는지는 두고 보아야 할 것이다. 서양 자모어가 현대중국어에서 진일보의 발전이 가능한지는 서양 자모어가 사용되는 범위뿐만 아니라 사용 기능을 살펴보아야 하며, 서양 자모자어가 어법 의미를 표현할 수 있는지, 서양 자모자의 활용 능력 등을 고려해야 한다(郭鴻杰, 2002).

서양 자모어가 중국어로 들어오던 초기에 많은 사람은 중국 문자가 서양 문자의 영향을 받아 배척을 받으며 소멸될 것을 걱정하였다. 그런데 현대중국어에서 서양 자모자의 사용 현황을 보면 중국어 문자는 서양 자모어의 유입에 어떠한 손해도 보지 않았으며, 오히려 서양 자모어가 중국어에서 독특한 중국과 외국과의 문화 교류의 영향을 반영한다. 서양 자모자를 이용한 서양 자모어는 앞으로 점점 더 많이 중국어의 어휘 체계에 수용될 것이다. 서양 자모어는 중국어 조어법의 일종의 돌파구인데, 이것이 앞으로 어떠한 변화와 발전을 가져올지에 관해서 많은 연구가 이루어져야 할 것이다.

1.4. 중국어의 다음절화 촉진

중국어의 단어는 단어를 구성하는 음절수에 따라 단음절어(單音節語), 이음절어(二音節語), 다음절어(多音節語) 등 세 가지로 나눌 수 있다. 단음절어는 하나의 단음절만 갖고 있는 자립어소로 이루어진 단어

로, 고대 중국어에서는 단음절어가 대다수였다. 이음절어는 두 개 음
절로 형성된 단어이다. 이것은 하나의 이음절 어소가 단독으로 형성
된 이음절어와 두 개의 단음절 어소로 합성된 이음절어로 양분된다.
다음절어는 3음절 이상으로 형성된 단어이다.

　오랫동안 중국어 학자들은 중국어를 단음절 언어로 볼 수 있는지
에 대하여 논의가 끊이지 않았다. 중국 전통 어휘학은 문자와 단어
의 구별에 대하여 주의를 기울이지 않았기 때문에 많은 서방학자들
은 늘 중국어의 단음절 특성을 과장하며 고대 중국어의 이전부터 존
재한 다음절어를 일종의 예외 현상으로 보아 중국어는 기본적으로
단음절 언어라고 주장하였다. 그러나 다음절어는 예전부터 존재하고
사용되었으며, 19세기 이전 특히 백화(白話) 문학에서 다음절어가 빈
번하게 사용되었다.

　중국어 발전의 내부 규칙에 의한 음성 체계의 변화는 중국어 다음
절화의 주요한 원인 중 하나이다. 중국어 다음절화 현상은 기본적으
로 언어에서의 어음 간소화의 발전 규칙을 반영한다. 이러한 간소화
의 과정은 아주 느려 그 결과를 쉽게 발견할 수가 없다. 일반적으로
서주(西周), 춘추(春秋)에서부터 동한(東漢) 및 위진(魏晉)까지를 중국어
어음이 축약된 시기라고 본다. 복자음성모가 점점 사라지고 자음 운
미의 음성운자(陰聲韻字)[170]도 운미에서 탈락되었다. 어음의 급격한
변화는 필연적으로 언어에 영향을 끼쳤으며, 다른 수단으로 어음 감

---

170) "陰聲韻"指以元音收尾或無韻尾的韻母, 卽直接以元音收尾的韻母。'음성운'은 모음으
　　로 끝나거나 혹은 운미가 없는 운모가 바고 모음으로 끝나는 운모를 말한다.

소에 따른 부족함을 보충하기 위하여 사성(四聲)이 나타나게 되었다. 그런데 어음의 축약 현상이 강하게 진행되어 사성만으로는 문제를 해결할 수가 없었다. 중국어 어휘 구성이 날로 복잡해지고 중국어 어음의 축약 현상은 더욱 진행되었다. 또한 대량으로 출현한 새로운 신조어들은 여전히 단음절어이어서 동음어(同音語)의 양이 점차 많아졌다. 동음어가 많이 출현함으로 말미암아 언어 사용에 혼란스러운 현상을 야기하는 것을 막기 위하여 중국어의 다음절화를 촉진하게 된 것이다.

2. 현대중국어 외래어의 기능

문화는 인간의 길고 긴 역사 과정에서 생성되는 것으로 인간에 의하여 창조된 물질과 정신문명의 총합이라고 할 수 있다. A. L. Kroeber는 문화는 한 사회의 풍습, 도구, 사고방식 등을 포함한다고 하였고, C. Kluckhohn는 문화는 역사의 발전 과정 중에서 나오는 명확하거나 명확하지 않은 생활 형식이고, 전체 아니면 특정된 사람에게 속하는 것으로 해석하였다(周法高, 1973). 언어는 문화와 긴밀한 관계를 가지고 있으며 언어는 교류와 사유의 도구이며 문화의 저장 장치이다. 언어의 창조적인 발전은 문화의 창조성과 발전성을 촉진시킬 수 있다. 특히 언어 중에서 외래어는 언어문화의 발전에 큰 기여를 한다.

2.1. 문화적 기능

문화의 변화와 발전은 언어의 변화와 발전을 수반한다. 언어는 문화 교류의 저장 장치로서 문화와 가장 밀집하고 직접적인 관계를 가지고 있다. 언어와 문화의 관계에 대해서 알아보기 위해서는 언어와 상관성이 있는 문화와 이러한 문화와 상관성이 있는 인간의 행위를 관찰하여야 한다. 따라서 한 민족의 언어를 모르면 그 민족의 문화를 알아볼 수 없다.

언어 중의 외래어는 외국에서 들여온 것으로 서로 다른 문화 간의 접촉 과정을 쉽게 반영할 수 있다. 단어를 빌리는 것은 다른 민족과의 문화적 경제적 교류 중에서 필연적으로 나타나는 현상으로 외래어는 문화 교류 중에서 각국의 문화 정보를 전달하는 기능을 하며 문화의 교류 과정을 담고 있다.

다른 문화와의 교류는 쌍방향적으로 이루어지며, 서로 장점을 취하고 단점을 보완한다. 각 문화의 구성원들은 그들이 접촉하는 사물이 일치하지 않으며 사물에 대한 인식 방식과 정도도 다르기 때문에 각 언어 중에 나타난 물질 형상이 완전히 대응할 수 없다. 따라서 자연적으로 외래어에는 각 문화의 독특한 문화 색채를 표현, 사물, 제품, 상호 기술 교류와 상관이 있는 것들이 많다. 이러한 과정을 통하여 원래 단순히 한 문화에 속하는 사물이 외래어로 다른 문화에 들어가게 되고, 다양한 언어가 수용되어 다른 문화의 물질세계는 서로 보완하여 완비된다.

중국어도 이런 상황에서 많은 외국 사물과 사상을 나타내는 외래어를 수용한다. 사물은 생성 과정 중에서 인위적인 영향을 받는지 아닌지에 따라 두 가지로 나눌 수 있다. 하나는 자연적으로 생긴 것으로 사물의 생성 과정에서 인위적인 영양을 받지 않는 것이다. 예를 들면, 야생 동식물, 광물 등이 있다. 중국인은 자신들에게는 없는 사물을 들여올 때 중국어에서는 그 사물을 표현할 수 있는 단어가 없으므로 자연적으로 외국 언어에서 사용되는 명칭으로 그 사물을 지칭하고 명칭을 중국어로 흡수한다.

다른 하나는 인위적으로 제작하거나 개조한 사물로서 예를 들면 농작물, 식품, 일상용 기구, 생산 도구, 음식, 복식 등이 있다. 인간은 자연 사물을 개조하는 과정을 통하여 사물을 발명하고 창조하며 문화와 관련된 물품을 제작하여 과학 기술과 지식 등 물질문화를 발전시킨다. 국가 간의 무역 왕래가 늘어감에 따라 기술 간의 교류, 교통의 발전, 문화 성과의 차용과 흡수에도 영향을 끼친다. 아편 전쟁(阿片戰爭) 전에 중국 문화는 다른 다라에 비하여 상대적으로 우세한 위치에 있어 외국 문화에 대한 흡수가 부분적이었으며 그 당시 중국으로 유입된 것 대다수는 야생동식물, 광물 등이다. 그런데 중국의 문화가 서방과의 교류의 과정 중에서 상대적으로 약한 위치에 처하게 되면서 중국은 서양의 물질문명을 전면적으로 수용하기 시작한다. 우선 식품과 관련된 외래어로는 '可可', '巧克力', '咖啡', '三明治' 등이 있다. 음료수와 관련된 외래어로는 '雞尾酒', '白蘭地', '啤酒', '可口可樂' 등이 있다. 교통과 관련된 외래어로는 '巴士', '的士' 등이 있고, 전화나 컴퓨터 등 전자 제품과 관련된 외래어로는 'BP機', '摩托羅拉', '奔騰' 등이 있으며, 의복·복식 등과 관련된 외래어로는 'T

恤’, ‘夾克’, ‘迷你裙’, ‘比基尼’, ‘耐克’ 등의 어휘가 있다.

안남(安南), 흉노, 돌궐, 몽골, 만주, 고려, 일본 그리고 근대 유럽 등의 나라가 모두 중국과 관련을 맺어 왔는데, 그들과의 교류는 중국어의 어휘에 많은 영향을 끼쳤으며, 중국어 또한 외국 어휘에 많은 중국어 단어를 제공하였다. 이러한 단어들은 중국과 외국과의 문화 교류 역사를 밝히는 단서를 보여 준다. 중국어에서 ‘사자’(獅子)라는 단어는 동한(東漢) 시기에 처음 출현하였는데, 이를 통하여 그 당시 중국과 月氏, 疏勒, 波斯 등과 문화 교류가 있었음을 알 수 있다. 또한 단어 형태의 연구를 통해 ‘사자’가 이란어와 동이란어에서 온 것을 추정할 수 있다.

외국의 사회 제도, 정치 제도, 민족 심리, 문화 도덕, 문화예술 등은 중국 문화에도 지대한 영향을 끼쳤다. 중국은 서양 문화와 접촉하면서 서양 사회 제도의 영향을 많이 받으면서 이 방면의 외래어를 많이 받아들이었다. 무용, 악기, 체육 등 문화 예술 분야에서도 중국 문화가 다른 문화의 영향을 받은 것을 알 수 있다. 민족문화 전통 등과 관련되는 친족 호칭, 사교 호칭의 외래어를 통하여 다른 민족과의 문화 교류가 있었음을 알 수 있다.

외국의 사고방식, 사회심리, 가치관, 종교 신앙, 심미관 등도 중국과의 교류 과정에서 많은 영향을 끼쳤다. 이것들 중에서 중국어에 두드러지게 영향을 끼친 것은 종교 문화에 관한 것이다. 종교 신앙은 민족의 정신 문화를 나타내는 중요한 부분으로 민족을 하나로 뭉치게 하는 응집력을 가지고 있을 뿐만 아니라 장시간 동안 민족의 문화에 지속적으로 큰 영향을 끼치며, 다른 문화에도 영향을 주는

영향력 가지고 있다. 교의의 전파, 종교 의식의 전파 등은 모두 언어
를 통해 이루어진다. 중국은 한나라 때부터 불교를 받아들이면서 많
은 불경을 번역하여 출판하였고, 불교는 아주 오래 전부터 중국어와
중국인의 정신세계에 영향을 주었다. 산스크리트어에서 들여온 많은
불교 외래어가 쓰이게 되었다. 이것들 중에서 많은 단어가 중국어의
기본 어휘가 되어 일상생활에서 사용되었다. 예를 들면 '佛', '塔',
'菩薩' 등이 있다. 불교 외에도 기독교와 이슬람교 등 기타 종교도
중국으로 전파되어 중국 문화에 어느 정도 영향을 끼쳤다. 근대 중
국어 중에는 적지 않는 기타 종교와 관련된 외래어가 나타난다. 예
를 들면 기독교에서 온 '伊甸'(Eden), '彌撒'(missa), '撒旦'(satan) 등은
근대 중국이 기독교 사상을 받아들인 것을 알 수 있다. 또한 '阿拉',
'古蘭經'(Qur'an) 등 외래어는 근대 중국이 이슬람교 문화의 영향을
받은 것을 알 수 있다.

　외래어는 문화 간의 도입과 전파와 동시에 도입된다. 외래어에는
외국의 사상과 문화가 담겨 있고 그들의 문화를 전파하는 데 기여한
다. 외래어는 '다른 문화의 사자(使者)'이다. 외래어를 통하여 이국의
풍토와 문화를 엿볼 수 있다. 외래어는 사람들에게 새로운 시야를
열어 주고 새로운 세계를 보여준다. 따라서 어떤 사람들은 외래어의
수량으로 언어의 문화 발전을 판단하고 사회 개방의 표준으로 삼기
도 한다. 중국 역사상 외국 문화를 도입하면서 많은 외래어가 출현
하였다. 불교가 중국으로 전파되는데 많은 음역 단어가 도입되었다.
'佛', '禪', '菩薩' 등의 외래어의 도입이 중국어의 어휘를 증가시키
고, 중국인에게 불교를 믿게 하였다. 그런데 '茶'와 같은 단어는 유럽

에 유입되면서 중국 문화도 함께 전해졌고, 유럽의 음식문화에도 영향을 끼쳤다. 차 문화가 일본으로 전하면서 '禦茶'란 단어가 쓰이고, 차를 마시는 문화생활의 내용과 '다도(茶道)' 문화도 함께 전했다. 근대 외국 문화의 수입은 현대 서양 과학 문화의 도입이며 중국 문화를 크게 변화시킨다. 예를 들면 '蒸汽機'(steam engine) '航天飛機'(space shuttle)를 통해 서양 근대 과학 문화를 받아들였다. 중국뿐만 아니라 서양의 영어 단어에도 많은 라틴어 같은 외래어가 있다. 이를 통해 라틴문화가 영국 민족문화의 발전에 중요한 역할을 하였다는 것을 알 수 있다.

중국 사회는 역사 발전 과정에서 찬란한 문화를 창조했으나, 봉건 통치로 말미암아 문화 발전이 침체되었던 시기가 있었다. 중국인들의 지나친 민족 쇼비니즘은 중국 민족과 세계 다른 민족 간의 접촉을 막았고, 중국인의 문화에 새로운 자극을 주지 못했다. 그 후 중국은 서방 제국주의의 침략을 받게 되어 강압적으로 서양 문화를 받아들이게 되었다. 물론 중국 지식인들이 자각적으로 서양 문화를 받아들인 것도 있었다. 현재 중국 사회는 세계 여러 다른 나라와 교류를 하면서 그들의 보수적인 성향을 개혁하면서 세계문화와 함께 발전하고 있다. 이에 따라, 중국어에도 전에 없었던 변화가 발생하고 있는데, 그것의 가장 큰 특징은 외래어의 증가이다. '麥當勞', '肯德基' 등 수십 년 전에는 생소한 단어들이 보편적으로 사용되게 되었다.

문화의 교류와 융합은 사람들의 사고방식, 가치관, 심미관 등에도 변화를 가져온다. 대표적인 예가 '比基尼'(bikini)이다. '比基尼'가 처음으로 중국으로 도입된 시기는 중국이 보수적 사고방식이 강한 시기였다. 사람들은 '比基尼'라는 단어를 듣고 안색이 변하고 사회에 풍기 문란을 일으킬 위험이 있는 이러한 의상이 존재한다는데 대해 믿을 수 없다는 반응이었다. 그런데 외국의 사상을 나타내는 외래어가 점점 일상생활에서 쓰이면서 사람들의 생각도 바뀌고 있다. '比基尼'는 이미 일반화 되었고 사람들은 이 단어를 아무런 거리낌 없이 사용하게 되었다. 이러한 예를 통하여 우리는 사회 발전에 따라 외래어가 사람들의 사상 관념을 바꾸게 하기도 하고 새로운 사상 관념도 이해하도록 하는 것을 알 수 있다.

외래어는 새로운 문화 요소를 중국으로 유입하거나 중국 문화에 이미 존재하는 문화 요소를 활성화하기도 한다. 어떤 외래어는 중국어로 처음 도입될 당시 소수 사람들만이 단어가 지닌 문화에 대한 의식은 가지고 있어 대다수의 사람이 분명하게 그 개념을 알 수 없는 경우가 있다. 그러나 외래어가 촉매 작용을 하여 새로운 외래어와 새로운 문화 현상이 동시에 사회적인 관심을 받게 되고 인정을 받게 된다. 예를 들어 '丁克'(Dink)는 영어 'double income no kids'의 약칭이며, 수입은 있지만 아이를 가지지 않는 부부를 뜻한다. '丁克'(Dink)란 단어가 중국에 도입되기 전에도 일부 대도시의 중국 젊은이들은 자신의 일을 중요시하며 아이를 낳지 않았다. 그런데 대다수의 중국인은 중국 고대부터 "효가 세 가지 있는데 첫째는 자식이 없는 것이다."란 말이 있어서 그런 행동을 하는 이들을 이해하지 못했다. 그러나 '丁克'(Dink)라는 단어가 자주 사용하게 되면서 사람들은 이런 행동에 대해 너그럽게 받아들이고 이해하기 시작하였다. 이 예를 통해 우리는 외래어를 받아들이는 동시에 중국어가 새로운 문화의 요소도 함께 받아들이고 있음을 알 수 있다.

요컨대 중국어 외래어에 대한 고찰은 중국과 외국 간의 문화교류의 각 방면 상황을 파악하는 데 도움을 줄 수 있다. 오늘날 중국에는 중국 정치, 경제, 문화, 예술, 철학, 과학, 교육 등 영역에 관한 외래어가 많이 도입되고, 일상생활에서도 많은 외래어가 널리 쓰이고 있다. 이런 현상을 통해 중국인들이 다른 나라의 문화를 개방적으로 받아들이고, 중국이 발전하고 있음을 알 수 있다.

2.2. 사회적 기능

외래어는 어휘 구성 요소인데, 일종의 특수한 사회적 부호이다. 외래어는 그것을 사용하는 사람들의 사회 신분, 사회 계층과 그들이 처한 사회를 나타낸다. 이러한 외래어의 사회적 기능에 대해 좀 더 구체적으로 살펴보면 다음과 같다.

첫째, 외래어는 당시 사람들이 처한 사회를 반영한다. 예를 들어 당나라는 중국 역사상 가장 경제가 번영하고 국력이 강성한 시대였다. 문화면에서 보면 육조(六朝) 이래의 문화를 이어받았으며, 많은 외래문화를 수용하여 부단히 발전을 한 결과 휘황찬란한 성과를 이룩하였다. 그 당시 당나라는 불교와의 교류가 활발하여 중국어에서의 외래어는 불교의 산스크리트어에서 온 것들이 주류를 차지하였다. 그러나 당나라 때에는 '的士', '巧克力', '香波'(shampoo) 등과 같은 현대에서 널리 사용하는 외래어가 없었다. 현대에는 각 나라 간의 교류가 밀접해지면서 많은 외래어를 받아들이는데, 특히 영어에서

온 외래어가 많다. 그러나 현대인들은 '跋折羅'(vajra),[171] '三貌三菩
提'(samyaksambodhi)[172] 등과 같이 오래된 외래어에 대해서는 잘 알지
못한다. 따라서 이러한 외래어를 통해서 외래어가 처한 사회 정황을
이해할 수 있다.

둘째, 외래어는 그 당시 사람들의 사회 신분을 제시한다. 사람들이
사회에서의 역할이 다름으로 인하여 언어 사용에 있어서도 다른 사
용 집단이 형성된다. 공용어구조가 수용하는 범위 내에서 각 계층마
다 자신들의 처한 계층의 신념, 애호, 관점, 습관 등에 어울리는 언
어를 사용한다. 이러한 상황 하에서 특수한 언어 구조 혹은 어감을
가진 언어가 생기고, 심지어 한 분야에서만 사용하는 특수한 언어가
나타났다. 일본의 막부(幕府)가 통치하던 시대에는 '사, 농, 공, 상'(士
農工商) 등의 계급이 존재하였으며, 신분제도가 엄격하였다. 그 시기
에는 각 사회 계층은 서로 다른 언어를 사용하였고, 메이지 시기 후
쿠자와 유키치(福澤諭吉)는 "옆에서 누가 말을 할 때 그 사람을 보지
않고 그가 하는 말만 듣고도 그의 신분을 알아 낼 수 있다."라고 하
였다. 이것이야말로 친히 그 사회를 겪어 온 사람들이 남긴 생생한
증거라고 볼 수 있다.

Paul Lafargue는 귀족 언어란 17세기 프랑스 자산계급 혁명 시기

---

171) '跋折羅'(vajra)는 산스크리트어이다. 이것은 불교에서의 금속으로 된 보물, 번개와
　　태양의 상징이다. 후에 병기금속인 금속저 '金剛杵'가 되었다. 이것은 '跋折羅',
　　'波闍羅', '發闍羅', '幹賨羅', '跋折羅', '跋折多', '跋日羅', '跋著羅', '伐者羅', '伐
　　折羅', '傅日囉' 등으로 불렸다.
172) '三貌三菩提'(samyaksambodhi)는 불교의 세 가지 요의인 '진정', '평등', '보편성'
　　을 말한다.

귀족들만이 사용하던 언어를 가리킨다고 하였다. 당시 프랑스 귀족들은 그들의 장원에서 살았고, 주위에는 그들의 속국과 농노들이 살았지만 군주 정치 제도는 그들을 파리에 집중시켰기에 군주의 주위에서 맴돌았으며, 군주의 조정을 형성하였다. 귀족들은 고대 봉건주의 독립성을 상실하였으며, 기타 계급과의 유대를 끊어버리고 다른 계급계층과 다른 그들만의 풍속 습관과 사상을 가진 고립된 상태에 빠졌다. 베르샤유에서 그들은 자산 계급도 일반 평민도 아닌 그들만의 생활방식을 유지하였다. 자연히 그들은 옷차림, 행동, 언어 사용 방면에서 일반 평민과 많은 다른 모습을 보였다. 특정한 사회집단은 그들만의 애호, 습관에 맞춰 기존에 있는 각종 언어를 자신들만의 독특한 언어로 바꾸어 버리고 그들의 취향에 어울리는 언어로 자신들의 신분을 과시하였다.

셋째, 외래어는 그것이 사용되는 지역 사회상을 반영한다. 중국보다 대만, 홍콩과 같은 곳에서는 역사적 원인으로 말미암아 더 많은 외래어를 사용하였고, 중국에만 줄곧 생활한 사람보다는 유학을 다녀온 사람들이 외래어를 많이 사용하는 경향이 있으며, 그 지방의 영향을 받아 어조도 많이 달라지고 있다. 예를 들어 대만인들은 '甘乃迪',173) '阿巴桑',174) '杻西蘭',175) '雷射', '脫口秀' 등을 사용하고, 홍콩인들은 '阿sir', '士多', '雷根' 등의 외래어를 사용한다. 이러한 외래어를 사용하는 사람은 십중팔구는 대만 아니면 홍콩 사람들이

---

173) '甘乃迪'을 중국에서는 '肯尼迪'이라고 한다.
174) '阿巴桑'은 일본어 'おばさん'의 외래어이다.
175) '杻西蘭'을 중국에서는 '新西蘭'이라고 한다.

다. 이런 어휘를 중국인들은 잘 모르기 때문에 잘 사용하지 않는다. 대만인들은 다른 사람을 부를 때 '阿巴桑'이라고 부르는데, 중국에서는 이러한 표현을 사용하지 않는다. 이것은 대만이 일본의 식민지통치를 받은 시간이 상당히 길기 때문에 일본에서 영향을 받은 것으로 보인다. 상해 사람들이 사용하는 '司的克',176) 북경 사람들이 사용하는 '佬佬',177) 광동인들이 사용하는 '波'178)와 같은 외래어들은 일정한 지역의 문화적 특성을 반영한다. 위와 같은 외래어들은 그 지역의 문화에 대해 익숙하지 않다면 이해하는 데 많은 어려움이 있다.

한 사회의 구성원들이 일정한 사회 속에서 생활하게 되어 그들만의 특성을 지니게 되고, 그들이 표현하는 언어가 그 사회상을 반영하기도 한다. 예를 들어 한 사람의 억양을 듣고 그 사람의 사회적 배경을 알 수가 있다. 신세대와 달리 나이든 사람들은 낡은 것을 고집하고 새것을 배척하는 경향이 강하여 과거에는 다량의 '洋'179)자가 첨가된 어휘가 나타났다. 예를 들면 '洋火', '洋釘', '洋布', '洋線', '洋油', '洋蠟', '洋車', '洋襪', '洋皂' 등과 같은 것이 있다. 이와 같이 '洋'자로 시작하는 단어들은 수입된 상품에 많이 사용되며 주로 근현대공업에서 많이 사용되었다. 나이가 든 사람들이나 편벽한 곳에서는 아직도 이런 어휘를 사용하기도 하는데, 요즘 세대들은 이런 표현을 즐겨 사용하지 않는다. 신세대들은 새로운 사물을 받아들이

---

176) '司的克'는 '지팡이'를 뜻한다.
177) '佬佬'는 '허튼 소리'를 뜻한다.
178) '波'는 '공'을 의미한다.
179) '洋'은 서구에서 유래한 것으로, 새로운 것을 의미한다.

는 것이 빠르기에 그들은 이런 새로운 사물에 대하여 신조어를 만들
어 일상생활에서도 외래어를 많이 사용한다. 그러한 예는 '卡拉OK',
'麥當勞', 'KTV', '哈羅', 'OK', '密斯' 등이다. 刑欣(2003)에서는
60.8% 대학생이 'bye'를 사용하고, 6.3%가 'see you'를 사용하며,
6.3% 사람들은 일본어로 작별 인사를 한다. 찬성을 나타낼 때는
31.6%가 'ok yeah'로, "문제없어."를 표현할 때 38%가 "no
problem."이라고 하며, 49.4%가 '모임'을 'party'로 표현하고, 78.5%
사람들이 영어로 안부를 물었다. 63.3%가 "OK"로 '좋다'를 표현하
였다. 또한 "그렇구나."를 일본어로 "なるほど"라고 표현하는 사람
들도 있었다. 사회 계층은 능동적인 것이어서 상황에 따라 변한다.
예를 들어 외국어를 한 번도 배워 보지 못한 사람은 외래문화에 대
한 이해가 낮고, 외래어를 사용하는 방면에서도 외국어를 배워 본
사람에 비해 수준이 많이 낮다. 그런데 외국어를 배워 새로운 세계
에 발을 내디디어 새로운 문화를 접하게 되면 그들의 지식 구조는
새로운 변화를 가져오며 더욱 풍부해지고 외래어의 사용도 늘어날
것이다.

　언어는 사회 구성원이 시시각각 어디에서나 사용하는 교류 도구이
다. 언어는 대중 속에 존재하고, 끊임없이 사용하는 속에서 존재한
다. 사회생활과 밀접한 관계를 가지고 있는 언어는 사회 구성원의
특성을 반영한다.

2.3. 심리적 기능

현대인들은 과학을 숭상하고 지식을 존중하는 심리가 있다. 일반적으로 외국의 과학 기술이 중국보다 발전하였기 때문에 중국인들은 외국 선진 기술을 반영하는 외래어를 자주 사용한다. 신문, 라디오 등 대중 매체의 용어들 중에는 외래어가 높은 비중을 차지한다. 또한 중국인들의 사상은 전대미문의 해방을 얻게 되고, 그들의 활동 범위가 넓어지게 되어 사교 활동이 활발해졌다. 사람들은 항상 자신을 표현하는 욕망이 있는데 용어를 선택하는 데 있어서 지나치게 오래 사용하거나 지나치게 자주 사용하는 단어를 원하지 않는다. 따라서 사람들은 '他無我有'[180] 즉 독특한 남다른 단어를 쓰려고 하며 이로 인하여 외래어를 섞여서 말하기를 좋아한다.

상인들은 자기 상점의 상품이 남다르다는 것을 보여 주기 위해 이해하지도 못하는 외래어를 자주 사용한다. 사업가들은 더 좋은 광고 효과를 기대하여 상품에 한자어 이름을 붙이지 않고 영어 이름을 붙인다. 이것은 고객들에게 깊고 우아하면서도 신비스러운 이미지를 갖게 하여 더 좋은 마케팅 효과를 원하기 때문이다. 최근 나타난 외래어의 가장 중요한 특징 중 하나는 바로 광고 효과를 추구하는 것이다. 상품 경제가 빠르게 발전함에 따라 상품 관념은 빠른 속도로 사람들의 마음속에 깊이 자리 잡게 되었다. 특히 기업의 경영자들은 언어 기술을 활용해서 제품을 마케팅하기 시작하였다. 상표 이름은

---

180) '他無我有'는 '어떤 것이 다른 사람이 없고 나만 있다'라는 것을 의미한다.

제품의 성질과 특징을 반영할 뿐만 아니라 어떤 상징이나 메시지, 그리고 상품에 관한 이미지도 구현하고 있다.

상인들은 한자를 사용해서 외국 제품의 이름을 음역할 때 각 한자 사이에 의미상의 관계를 일어나는 것을 피하기도 한다. 사람들이 글자를 보고 제품 이름의 뜻을 이해하지 못할 때 느끼는 감정을 이용하기 위해서 그렇게 하는 것이다. 사람들이 신기하기도 하고 이상한 상품 이름을 보고서 신비한 느낌이 들게 하는 심리 효과를 거둘 수 있다. 따라서 외래 상품의 음역 형식은 매우 뚜렷한 광고성을 지니고 있다. 예를 들면, '可口可樂'(Coca Cola), '迷你裙'(miniskirt), '你愛他'(LIATA),[181] '愛麗藍泳裝'(Arena),[182] '喜歡 Lee・無往不利',[183] 'PUNTO 奔騰・夜黑越亮'(FLAT奔騰PUNTO汽車),[184] 'Manhattan 美好挺襯衫',[185] 'Jr.cool 要酷',[186] 'PROVENCE 普羅旺世',[187] '挖趣寶島'[188]・WATCH寶島' 등이다. 이와 같은 예들은 모두 원문에 따라 중국어 이름을 붙여 준 것이다. 중국어 역명(譯名)과 원문(原文)의 어음을 제외

---

181) '你愛他'는 'LIATA'를 음역한 단어이며 직역하면 "너는 그를 사랑한다"라는 뜻이다.

182) '愛麗藍泳裝'은 'Arena수영복'의 뜻이다.

183) '喜歡Lee・無往不利'는 '喜歡'는 "좋아하다"의 뜻이고 '無往不利'는 "항상 승리하다"의 뜻이다.

184) 'PUNTO奔騰・夜黑越亮' '奔騰'은 "거침없이 달라가다"의 뜻이고 '夜黑越亮' "밤이 깊을수록 밝아진다"의 뜻이다.

185) '美好挺襯衫'은 '美好挺'는 Manhattan의 음역한 단어이면서 "아름답고 좋고 튼튼하다"의 의미도 있다.

186) '要酷'은 Jr.cool의 음역한 단어이며 "쿨한 태도가 필요하다"라는 의미가 있다.

187) '普羅旺世'는 PROVENCE를 음역한 단어이다.

188) '挖趣 寶島'는 '挖趣'는 watch를 음역한 단어이고 글자대로 해석하면 '재미를 발굴하다'라는 뜻이다. '寶島'는 '보물의 섬'이라는 뜻이고 대만을 가리킨다.

하면 의미상 관계는 하나도 없는데, 중국어 역명은 낭만적인 분위기를 만들거나 제품의 장점을 강조하거나 하는 등의 광고 효과가 있다. '迷你裙'과 같은 경우는 '迷你'는 발음대로 음역해서 '작다'의 뜻이다. 의역한 '小裙'189)과 '迷你裙'(mini skirt)을 비교해 보면 '迷你裙'이 더욱 사람들의 궁금증을 불러일으키는 광고 효과를 분명히 보인다. 약품과 식품의 외래어에서는 앞에서 언급한 바를 더 선명하게 보일 수 있다. 대부분 약품은 '寧', '良', '定'190) 등 한자로 이름을 짓고, 식품은 '樂', '福' 등 한자로 이름을 지었다.

최근 몇 년 동안 상품 경제가 발전함에 따라 외래어 단어와 유사한 중국어 단어가 유행하고 있다. 이러한 외래어 단어와 유사한 단어는 중국인들이 어떤 외래어 단어의 발음을 참고하여 고의로 표의 문자인 한자를 표음 기호로 사용하는 결과물이다. 상인들은 이러한 방식을 이용하여 국내 상품을 국외에서 수입된 상품처럼 보이게 하고자 한다. 그들은 일반 사람들이 외국 상품의 품질이 국내 상품보다 좋아서 대부분 수입 상품을 사고 싶어 하는 심리를 이용하고자 한다. 또한 외국 상품의 가격이 상대적으로 높아서 일반 사람들이 외국 상품을 소유해서 자신의 생활수준이 높다는 것을 보여 주고 싶어 하는 욕구를 이용하고자 한다. 숭양미외(崇洋崇外), 외국의 것을 맹목적으로 숭배하고 외국인과 결탁하고 싶은 마음은 보편적 사회심리이다. 수많은 사람은 "외국의 달은 중국의 달보다 둥글다." 즉 "외국

---

189) '小裙'은 '작은 치마'를 뜻한다.
190) '寧', '良', '定'의 뜻은 각각 안녕, 좋음, 안정이다.

의 모든 것이 중국보다 좋다."라는 말을 인정하려 하지 않지만 실제
적으로 외국의 사물에 대해 좋아하는 마음이 있다. 그래서 이러한
사회 심리에 따라 상인들은 일부러 외래어와 비슷한 상품 이름을 만
드는 것이다. 개인들만 외국 사물을 좋아하는 것이 아니라 많은 대
중 매체도 이러한 추세를 보인다. 예를 들면, 라디오와 텔레비전 광
고 중에 나온 외래어 표현도 앞에서 언급한 심리와 관련이 있다.

　중국인들은 옛날부터 언어에 대한 금기와 숭배를 바탕으로 형성된
전통문화 심리가 있는데, 이러한 심리가 외래어에 영향을 미친다. 중
국인들은 저속한 것을 피하고 고아한 것을 추구하고, 흉(凶)을 피하고
길(吉)을 구하며, 화(禍)를 피하고 복(福)을 원한다. 중국인들이 길한 것
을 좋아하는 것은 전통 의식이다. 예로부터 중국인은 행복과 상서로
움을 기구하며 인간의 행복은 신의 힘에 의지해야 한다고 생각하였
다. 그리고 행복과 행운은 천신이 가져다준 것이라 생각하였다. 그래
서 천관사복(天官賜福)이라는 말이 생겨났다. 또한 사람들은 자주 덕
담과 축복을 말하면 전화위복(轉禍爲福)의 신비한 힘이 생길 것이라고
믿어서 언어 기호를 행복, 건강, 장수, 발재(發財), 흥성, 번성의 상징
으로 생각한다. 따라서 축복이 담긴 말을 하고 좋은 이름을 짓고 중
요한 일을 치를 때 좋은 날짜를 택하면 행복과 행운이 따라올 것이
라고 여긴다. 일상생활에서도 사람들은 언어 사용에 주의를 기울인
다. 명절, 생일, 승진, 이사 등과 관련된 말에 사람들은 항상 길한 언
어를 사용해 서로 축복을 주고받는다. 그뿐만 아니라 중국인들은 신
상품에 모두 길한 이름을 지어 붙인다. 식품명에는 '福', '樂' 등의
한자를 사용한다. 뜻이 좋은 글자로 이름을 지은 식품을 먹으면 행

운을 불러올 것이라는 생각을 한다.

중국인이 행운을 바라는 마음은 외래어에도 나타난다. 요즘 외래어를 보면 이러한 현상을 많이 발견할 수 있다. '托福'(TOFEL)는 일종의 영어시험인데, 번역한 이름이 행복을 기탁하다는 뜻을 담는다. 'bowling'을 '保齡球'라고 번역한 외래어에는 건강과 장수의 뜻이 담겨 있다. '托福'과 '保齡球'는 사람들이 행복과 행운을 추구하는 마음을 나타낸다. 陳原(1983)에서는 이러한 현상에 대해 다음의 (16)과 같이 언급하고 있다.

> (16) 사람들은 언어에 원래 없던 초인적 느낌과 초인적 힘을 주어, 사회 구성원들은 언어 그 자체가 사람에게 행복과 재난을 줄 수 있다고 생각하고 언어는 복(福)과 화(禍)의 근원이라고 믿는다.

사람들의 심리 요소도 외래어가 생겨나는 중요한 원인으로 작용한다. 사람들이 언어를 사용하는 과정 중 현재의 언어 표현 형식에 대해 만족하지 못하며 계속 신선하고 자극적인 표현 방식을 찾는다. 단어가 표현한 개념은 동일할 수 있다. 그런데 이미지 측면에서 보면 어감이 다를 수 있다. 예를 들면, '父親'과 '爸爸'191)는 표현하는 것이 동일한 개념이지만 두 단어는 서로 다른 상황에서 사용된다. 즉 엄숙한 사교 상황에 '父親'이라고 하여야 하고 집에서는 '爸爸'라고 하여야 한다. 마찬가지로 '生日'과 '誕辰'은 동의어이지만 일상생

---

191) '父親'과 '爸'는 한국어의 아버지와 아빠로 대응할 수 있다.

활에서 '誕辰'을 안 쓴다. 香阪順은 이러한 동의어의 관계를 다음과
같이 6가지로 분류한다(孫慶玉, 1994 재인용).

    (ㄱ) 구어(口語)와 문어(文語)
    (ㄴ) 일상어와 전문 용어
    (ㄷ) 의역어와 음역어
    (ㄹ) 표준어와 비표준어
    (ㅁ) 북방어와 남방어
    (ㅂ) 신어(新語)와 구어(舊語)

    같은 뜻을 가진 단어들이더라도 이것들은 존재할 필요가 있다. 중
국어 외래어에서도 비슷한 상황이 나타난다. 중국어 외래어는 중국
어의 기타 어휘와 같은 뜻을 가질 때 동의어 관계가 일어난다. 어떤
경우에는 중국어 어휘 중에 이미 어떤 사물이나 행위를 의미하는 단
어가 있음에도 불구하고 그것과 의미 같은 외국어의 단어를 빌려서
중국어에 원래 있는 단어와 외래어를 병존하게 한다. 예를 들면, 중
국어에 '再見'이라는 말이 있는데 영어의 'BYE BYE'를 빌려 써서
두 단어를 병존하게 한다. 또는 영어 romance는 음역을 해서 '羅曼
史'라고 일컫는다. '羅曼史'의 '史'는 중국어에서 "옛날에 발생한 일"
라는 의미를 나타낸다. 중국어에 이미 외국어와 같은 개념을 가진
단어가 있음에도 불구하고 굳이 외래어 단어를 사용하는 것은 독특
한 스타일을 표현하는 것이다.
    외래어의 사용은 사람들에게 새로운 느낌을 준다. 특히 청소년들
은 유행을 추구하는 심리에서 자신의 패션과 세련됨을 자랑하려고

의식적으로 외래어를 사용한다. 'OK', '拜拜',192) "伊妹兒" 등의 외래어는 널리 사용되고 있다. 위에서 언급한 바와 같이 새로움과 독특함을 추구하는 심리로 인하여 사람들은 더욱 원래 사용하던 어휘 대신 더 서구화된 외래어를 사용한다.

요컨대 외래어는 문화 간 차이와 문화 색채를 반영한다. 또한 외래어는 외래어를 사용하는 사람이 속한 그룹과 사용 대상, 사용한 상황 등을 반영한다.

---

192) '拜拜'는 'byebye'의 음역 단어이다. '안녕'의 뜻이다.

제5장 중국과 대만 외래어의 비교와 외래어의 규범화

오늘날 중국과 대만의 언어 차이는 점차 좁혀지기 시작하고 동화되어 가는 추세이다. 그런데 외래어는 발전 속도가 급격하여 중국과 대만에서 사용하는 외래어에서 비교적 큰 차이가 나타나고 있다. 이러한 상황이 계속된다면 중국과 대만이 언어 교류를 하는 데 혼란을 야기할 수 있다. 이 장에서는 중국과 대만의 차이와 그 원인을 살펴보고, 현대 중국어 외래어의 규범화에 대하여 논의하고자 한다.

1. 중국과 대만 외래어의 비교

중국과 대만은 같은 문자와 언어를 사용한다. 그러나 대만은 100여 년 전 강제적으로 일본의 지배를 받게 되고, 중국은 국가 분열에 의하여 1949년부터 지금까지 중국과 대만으로 분리되어 있다. 이 기간 동안 중국과 대만의 사회생활은 매우 달라졌고, 양국의 정치·경제·사회 제도의 차이로 말미암아 영향을 받아 언어의 상이한 점도 나타나게 되었다.

대만은 일본의 식민지 기간을 통하여 일본에서 들여온 외래어를 위주로 하여 식민지의 색채를 띠었다. 일부 일본 외래어는 아직도 대만의 방언에 남아 있다. 예를 들어 '麵包'[1]을 '胖'이라 하고 '打火機'[2]는 '來打', '卡車'[3]는 '拖拉車'라 하고 '西裝'[4]은 '西米落', '奉承'[5]은 '烏西', '全盤皆輸'[6]를 '槓龜', '情緒'[7]를 '起毛', '乾脆'[8]를 '阿沙力'라고 한다. 일본의 식민지 시대 이후 대만은 영어에서 들여온 외래어와 중국 상해 지역에서 사용하던 영국 외래어를 혼합하여 사용하고, 일부 일본의 외래어도 지속적으로 사용하여 왔다. 이러한 현상은 대만 언어에서 외래어가 다양하고 풍부한 특색을 지니게 하였다. 그런데 중국은 1949년 이후 중국과 대만 관계에 변화가 일어나면서 언어에 대한 자주권이 중요하게 인식되었다. 그리하여 중국에서는 일본에서 온 외래어는 점차 사라졌다. 중국은 국가가 분열되자 러시아와 동맹하면서 러시아 계통의 외래어를 많이 수용하였다. 이러한 상황에서 중국과 대만의 외래어는 각자의 길을 가게 되었다.

---

1) '麵包'는 '빵'을 뜻한다.
2) '打火機'는 '라이터'를 지칭한다.
3) '卡車'는 '트럭'을 뜻한다.
4) '西裝'은 '양복'을 지칭한다.
5) '奉承'은 '아부하다'를 뜻한다.
6) '全盤皆輸'는 '모든 것을 잃다'라는 뜻이다.
7) '情緒'는 '정서'를 뜻한다.
8) '乾脆'는 '솔직하다'를 뜻한다.

이러한 원인을 제외하고도 중국과 대만은 지역마다 서로 다른 방언을 쓰고 있기 때문에 중국과 대만의 생활 조건, 방식, 습관 등 여러 면에서 모두 큰 차이가 있어 외래어도 달리 쓰이게 되었다.

중국과 대만은 외래어를 번역하는 기준이 다르다. 대만은 번역을 할 때 우아한 뜻을 지닌 글자를 선택하는 경향을 띠는데, 중국은 통속화의 경향을 띠고 있다. 중국의 역명(譯名)은 비록 복잡하긴 하지만 발음의 대응에서 비교적 정확하다. 대만은 실용성을 많이 강조하여 발음에서는 비교적 소홀하다. 이러한 원인은 두 지역 사이에 외래어의 불일치 현상을 초래하였다.

이전의 중국과 대만의 외래어 차이에 대한 연구는 어휘적인 면에서는 많이 이루어졌으나 다른 측면에서의 연구는 드물다. 중국과 대만의 외래어의 차이는 어휘적인 측면에서만 일어나는 것이 아니라 다방면에 걸쳐 일어나고 있으므로 음성, 어법 등 여러 측면에서 논의되어야 할 것이다.

1.1. 음성 형식의 비교

중국과 대만의 외래어를 음성 형식의 측면에서 비교를 해 볼 때 의미가 같고 출처가 같은 상황에서 두 가지 서로 다른 유형이 나타날 수 있다. 하나는 음성과 서사 형식이 완전히 동일한 것이고, 다른 하나는 음성은 동일하나 서사 형식이 다르거나 음성과 서사 형식이 모두 다른 것이다.

1) 음성 형식이 동일한 경우

① 음성과 서사 형식이 완전히 동일하다.

앞선 제2장과 제3장에서 음성 형식과 서사 형식이 완전히 동일한 외래어들을 살펴보았다. 이것들의 성모와 운모, 성조와 중국어 서사 형식이 모두 동일하기 때문에 여기서 더 이상 설명하지 않겠다.

② 음성 형식은 동일하나 서면 형식이 다르다.

성모, 운모와 성조는 모두 같으나 한자의 서사 형식이 다른 예를 들어 보면 다음의 (17)과 같다.

(17) 羅曼司-羅曼斯(로맨스), 盎司-盎斯(온스), 華爾慈-華爾滋(왈츠), 密司-密斯(Miss), 香檳酒-香賓(酒)(샴페인), 羅曼蒂克-羅曼諦克 (로맨틱)

2) 음성 형식이 다른 경우

음성 형식과 서사 형식 모두 다른 유형은 그들이 의미와 출처가 동일한 것 외에 성모, 운모, 성조와 서면 형식 면에서 모두 다르다는 것을 뜻한다. 이것들을 다시 음절수가 동일한 것과 음절수가 다른 것 두 가지 유형으로 나눌 수 있다.

① 음절수가 동일하다.

음절수는 같지만 성모, 운모, 성조와 서사 형식이 모두 다르다.

성모, 운모는 동일하지만 성조가 다른 예는 다음의 (18)과 같다.

(18) 迪斯科-狄斯可(디스코), 排-派(파이), 哀的美敦(書)-哀的美頓
(書)(최후 통첩)

성모, 운모, 성조와 서사 형식이 모두 다른 예는 다음의 (19)와
같다.

(19) 勒克斯-流克司(lux), 咖喱-加哩(카레), 桑那浴-三溫暖(사우나),
吉葡賽(人)-吉普賽(人)(Gypsies), 冰激凌-冰淇淋(아이스크림),
的確良-達克隆(데이크론), 萊塞-雷射(레이저), 色拉-沙拉(샐러
드), 密司脫-密斯特(미스터), 可卡因-古柯鹼(코카인), 水汀-泗
汀(스팀) 등

위의 '迪斯科-狄斯可', '排-派', '哀的美敦(書)-哀的美頓(書) 등은 성
모, 운모가 동일하지만 성조가 다른 예들이고, 그 나머지는 성모, 운
모, 성조와 서면형식 모두 다르지만 양자의 차이가 크지 않은 것들
이다.

② 음절수가 다르다.
음절수가 다르기 때문에 음성 형식과 서사 형식이 다른 예는 다음
의 (20)과 같다.

(20) 胎-輪胎(타이어), 曼德琳-曼多林(琴)(만돌린), 比基尼-比基尼泳裝

(비키니), 卡-卡式(카세트), 嬉皮士-嬉皮(히피), 閥-凡爾(밸브), 開
司米-卡什密阿(紗)(캐시미어), 開-克拉(캐럿), 嗪-馬克(마르크) 등

이상의 (20)에 제시된 예들은 음절수, 음성 형식과 서사 형식 등이
모두 다른 것이다. 예를 들어 대만에서 영어 'tire'를 번역하여 외래
어로 사용하는 말은 '輪胎'로 이음절어인데, 이것과 대응되는 중국의
외래어는 일음절인 '胎'이다.

1.2. 조어 형식면에서의 비교

모든 외국어 어휘는 '중국어화'의 과정을 거친 후에야 중국어 외
래어가 된다. 조어법을 살펴보면 중국과 대만이 동일한 조어법을 사
용하는 경우와 다른 방법을 사용하는 경우가 있다.

1) 조어법이 동일한 경우

① 순음역법을 사용한 경우
이는 영어 원어의 소리를 모방하여 조어한 것이다. 예를 들면 다
음의 (21)과 같다.

> (21) 羅曼司-羅曼斯(로맨스), 華爾慈-華爾滋(왈츠), 色拉-沙拉(샐러
> 드), 勒克斯-流克司(lux-럭스), 盎司-盎斯(온스), 迪斯科-狄斯可
> (디스코), 咖喱-加哩(카레), 排-派(파이), 卡-卡式(카세트), 的確
> 良-達克隆(데이크론), 萊塞-雷射(레이저), 閥-凡爾(밸브), 密司
> 脫-密斯特(미스터), 密司-密斯(Miss), 可卡因-古柯鹼(코카인),

開-克拉(캐럿), 水汀-泗汀(스팀) 羅曼蒂克-羅曼諦克(로맨틱) 등

② 음역어에 중국어 어소를 첨가하거나 반음반의역법을 사용하는 경우

이것은 음역을 하고 의역을 해서 사물의 유형, 성질, 특성을 보충

설명하는 조어 방식이다. 그러한 예를 들어 보면 다음의 (22)와 같다.

> (22) 冰激凌-冰淇淋(아이스크림), 哀的美敦(書)-哀的美頓(書)(최후통
> 첩), 吉葡賽(人)-吉普賽(人)(집시인-Gypsies) 등

'冰激凌-冰淇淋'은 반음반의역으로 만들어진 것이다. 다른 예들은

모두 음역에 중국어 어소를 첨가하여 만든 것이다.

2) 조어법이 다른 경우

> (23) 胎-輪胎(타이어), 曼德琳-曼多林(琴)(만돌린), 比基尼-比基尼泳
> 裝(비키니), 桑那浴-三溫暖(사우나), 嬉皮士-嬉皮(히피), 開司米
> -卡什密阿(紗)(캐시미어) 등

영어 'tire'는 중국에서는 순음역법으로 '胎' 한 음절로만 번역을

하였는데, 대만은 음역의 방법에 중국어 어소를 붙인 방법으로 '輪

胎'라고 하였다. 이런 예를 통해 중국과 대만이 외래어에 사용한 조

어법이 서로 다르다는 것을 알 수 있다.

1.3. 단어 구성 형식면에서의 비교

단어 구성법은 단어의 구조 규칙에서 볼 때 어소의 결합 방식과 방법을 말한다. 중국과 대만의 외래어는 단어 구성 형식이 동일한 것과 단어 구성 형식이 다른 두 유형으로 나눌 수 있다.

1) 단어 구성 형식이 동일한 경우

① 하나의 어소가 단순어를 구성한다.

아래의 (24)에 제시된 예들은 비록 형태가 다르긴 하지만 단어 구성 형식이 동일하다. 예를 들어 '羅曼司-羅曼斯'는 서사 형식이 서로 다르나 모두 세 개의 음절로 구성된 다음절어이며, 하나의 어소로 구성된 단순어이다.

> (24) 羅曼司-羅曼斯(로맨스), 盎司-盎斯(온스), 迪斯科-狄斯可(디스코), 排-派(파이), 華爾慈-華爾滋(왈츠), 勒克斯-流克司(lux), 咖喱-加哩(카레), 的確良-達克隆(데이크론), 萊塞-雷射(레이저), 色拉-沙拉(샐러드), 密司脫-密斯特(미스터), 密司-密斯(Miss), 可卡因-古柯鹼(코카인), 水汀-泗汀(스팀), 羅曼蒂克-羅曼諦克(로맨틱), 嘜-馬克(마르크), 開-克拉(캐럿), 閥-凡爾(밸브), 卡-卡式(카세트) 등

'嘜-馬克', '閥-凡爾', '卡-卡式' 등은 비록 음절수는 다르지만 모두 하나의 어소로 구성된 단순어이다. 이외에 '的確良'(dacron)과 같은 단어는 음성과 의미를 겸비한 번역어이다. 외국어 단어가 중국어에

수용된 후 표면상으로는 의역어와 흡사하여 이 단어가 세 개의 어소로 이루어진 단어라고 착각할 수 있는데, 음역의 측면에서 보면 이들은 다음절로 구성된 하나의 어소이며 실제적으로는 음역어이다.

② 두 개의 어소로 구성된 합성어

두 개의 어소로 구성된 합성어의 예는 다음의 (25)와 같다.

> (25) 哀的美敦(書)-哀的美頓(書), 吉蔔賽(人)-吉普賽(人), 香檳酒-香賓
> (酒), 冰激淩-冰淇淋 등

'吉蔔賽(人)-吉普賽(人)'은 음역어에 중국어 어소를 첨가한 형식이며, 네 개의 음절로 구성된 다음절어로서, 두 개의 어소로 구성된 합성어이다. 또한 '冰激淩-冰淇淋'은 반음반의역 형식이며 세 개 음절로 구성된 다음절어이고, 두 개의 어소로 구성된 합성어이다.

2) 단어 구성 형식이 다른 경우

영어 'sauna'를 중국에서는 '桑那浴'라 하는데 대만에서는 '三溫暖'이라고 한다. 중국의 외래어인 '桑那浴'는 세 개 음절의 다음절어로, '桑那'와 '浴' 두 개의 어소로 구성된 합성어인데, 대만의 '三溫暖'은 세 개의 음절로 구성된 다음절어이지만 하나의 어소로 구성된 단순어이며 의미를 고려하여 만든 것이다. 중국과 대만의 외래어 구성 형식이 서로 다른 예는 다음의 (26)과 같다.

(26) 胎-輪胎, 曼德琳-曼多林(琴), 比基尼-比基尼泳裝, 桑那浴-三溫
暖, 嬉皮士-嬉皮, 開司米-卡什密阿(紗) 등

이상에서 중국과 대만 외래어의 음성 형식, 조어 및 단어 구성 면
에서 비교해 볼 때 매 항목에서 모두 동일한 유형과 서로 다른 유형
을 가지고 있었다. 일반적으로 음역어에서 중국 외래어의 음절수가
대만 외래어의 음절수보다 많다. 대만의 음역어는 두 개 혹은 세 개
의 음절이 최고로 많다.

2. 중국과 대만 외래어의 혼란상과 규범화

사회의 발전과 국제간의 교류가 부단히 증가함에 따라 중국과 대
만에서는 외국어를 경쟁적으로 번역하여 외래어로 사용하였다. 그런
데 외래어들 중에는 서둘러 번역한 탓에 소홀하고 적절하지 않은 것
이 많이 있다. 번역자의 소홀함으로 인하여 한 책에서도 같은 명사
를 여러 가지로 번역한 한 것들이 있다. 이름은 같지만 번역이 다른
단어들은 독자들로 하여금 동일한 사물을 다른 사물로 착각하게 하
어 언어에 혼란을 야기하게 한다. 그리고 중국과 대만 외래어 간에
불통일 현상은 사람들로 하여금 이해에 어려움을 겪게 하고, 오늘날
양국 외래어 간에 혼란 상황을 초래하였다.

외래어의 혼란으로 발생하는 문제를 일반적으로 독자들로 하여금
해결하게 하여서는 안 되며, 독자들이 해결하더라도 일부분밖에 하

지 못한다. 외래어의 혼란 상황에 대하여 중국과 대만은 각자 외래어에 대한 규범 작업을 하며, 중국 중앙 인민 정부 정무원 문화교육위원회는 전문인들을 소집하여 외래어 작업에 대하여 통일을 할 것을 요구하였다. 신화통신사는 매일 대량의 국제 신문에 나오는 각종 명칭들에 대하여 '역명 사무실(譯名室)'을 설립하여 통일적으로 처리하고 원고를 발송하게끔 한다. 신화통신사는 매일 번역과 대량의 국제 신문 및 국제정보자료에 나타나는 세계 각 나라의 인명, 지명, 조직 기구명, 정치 집단명, 신문잡지명, 통신사명, 방송국명, 기업명, 비행기명, 선박명, 위성명, 여러 종류의 무기명, 부족 언어명, 계약명 등 각종 명칭에 대하여 통일하는 일을 책임지고 진행한다. 역명 사무실은 현재 각종 역명 카드를 30만 이상 보유하고 있으며, 인터넷에 저장하고 있다. 이외에 번역에 필요한 역명 자료 도서들을 출판하였다. 예를 들면 "英語姓名譯名手冊"(영어 이름 역명 수첩), 프랑스어, 포르투갈어, 이탈리아어, 루마니아어 등 언어의 역명 수첩, "世界姓名譯名手冊"(세계 이름 역명 수첩), "世界報刊, 通訊社, 電台譯名手冊"(세계 신문, 통신사, 방송국 역명수첩), "世界地名譯名手冊"(세계 지명 역명 수첩), "世界工商企業譯名大全"(세계 공상기업 역명 대전) 등이 있다.

　대만은 정부에서 설립한 '국립 편집 번역관'이 있는데, 고정된 사무 요원들이 각종 과학 명사를 전문적으로 번역한다. 예를 들어 "電子計算機名詞"(전자계산기명사), "化學名詞"(화학명사), "音樂名詞"(음악명사), "藥學名詞"(약학명사), "天文學名詞"(천문학명사), 등이 있고 또 중앙통신사에서 출판한 "標准譯名錄"(표준 역명록)과 대형사전인 "譯名索引"(역명 색인) 등이 있다. 대만 판 중앙통신사의 '국외신문부'에서는

'역명 개혁 통일 방안'을 세워 외국인의 성과 이름을 표준 역명으로 하고, 그 나머지는 모두 "韋氏人名字典"(위씨인명사전)의 음표를 기준으로 하고, 음역은 모두 R.H Mathews의 "漢英字典(한영자전)"을 표준으로 하며, 성씨와 이름은 모두 먼저 "韋氏人名字典"에서 매개 음절의 발음을 찾은 뒤에 다시 Mathews의 "漢英字典"에서 매 음절의 로마 병음으로 찾고, 그 로마 병음에 의하여 적합한 한자 음역을 찾아 표준 역명으로 삼는다.

중국어 외래어의 혼란 현상은 득(得)과 실(失)이 모두 존재한다. 정확히 말하면 실(失)이 득(得)보다 많다. 언어와 사회의 변화는 동시다발적이며 사람들의 의지로 변화되는 것이 아니다. 사회 교류의 도구로서 언어는 자신의 임무를 완벽하게 완수하여야 하며, 가장 친숙한 언어 형식으로 사람들의 사상을 표현하여야 한다. 대만과 중국의 동일하지 않은 외래어는 일부는 각자 사회생활과 심리의 반영이며 그 차이는 서로의 개성에 있다.

우리는 이러한 외래어 단어를 통해 사회 발전의 행적과 사회의 이모저모를 알 수 있다. 과학 지식과 사회 경험으로 개괄하여 새로운 지식, 새로운 사상, 새로운 명사, 새로운 개념들을 반영한 어휘는 중국어의 지식 보물 창고이며, 또한 전 세계 사람들의 지식 보물 창고이기도 하다. 그러나 외래어의 혼란 상황은 사람들의 생활에 불편한 점을 가져다주었다. 이로 말미암아 외래어의 규범화 작업은 시작되었지만 장기간의 부단한 노력이 필요하다. 현재 외래어의 혼란 상황을 분석해 보면 대체적으로 아래 몇 가지 원인이 있다.

2.1. 외래어의 혼란 상황

한 민족이 다른 민족과 교류를 하게 되면 외래어는 자연적으로 생긴다. 외래어가 민족 언어를 풍부하게 하고 발전시키는 시각에서 보면 외래어의 수용은 당연한 일이다. 그런데 오늘날 사회적으로 사용되는 외래어 중에서 대다수는 통일되지 않았다. 또한 외래어를 남용하는 현상이 심하다. 이러한 혼란 상황에 대하여 어떻게 외래어를 선택하고 받아들일 것인지는 언어 전문가들이 고민하는 현실 문제가 되었다.

1) 중국어 방언의 영향을 받음

언어는 사회의 발전에 따라 발전하며, 언어의 융합은 역사 조건의 제약을 받으며 외래어의 창조 역시 역사 환경의 영향을 받는다. 방언이 존재하는 시대에서는 방언 사용자들과 다른 민족과의 접촉에서 외래어를 방언 어휘에 끌어들이는 것은 피할 수 없는 일이다. 서로 다른 지역에서 외래어의 수용에 대한 방식은 다르며, 이로 인하여 방언 외래어와 표준 외래어의 상호 혼동 상황이 나타난다.

이러한 현상은 중국의 광동, 복건 등 연해 지역에서 더욱 명확하게 나타난다. 대외적인 무역이 활발하게 이루어지면서 월어(粵語), 민어(閩語), 오어(吳語)9) 등 방언에 방언을 표준으로 한 외래어들이 나타나기 시작하였다. 이러한 외래어는 일부는 방언 어휘에 남아 있고

---

9) 오어는 중국어 방언인데 광동, 홍콩 등 지역에서 광동어, 복건에서 민어, 강소, 절강, 상하이 등 지역에서 오어를 사용한다.

일부는 간접적으로 표준어가 되었다. 예를 들어 '江臣',10) '孖氈',11) '士擔'12) 등은 월어(粤語) 방언의 어휘이고, '濫斧',13) '籍',14) '極仔'15) 등은 민어 방언의 어휘이다. 월어(粤語)의 '漂'16) 등과 민어의 '打'17) 등, 호어(滬語)18)의 '沙發',19) '水汀'20) 등은 방언에서 표준어로 들어온 예들이다.

방언 외래어와 표준 외래어가 중국어에 동시에 존재하는 경우도 있다. 梁實秋·黃宣範·施翠峰(1972)에서 서로 다른 지방에서 들어온 다른 형태의 외래어가 출현하는 예를 들었다. '沙發'(sofa)은 월어로 번역하면 '梳化',21) '吉他'22)을 월어로 번역하면 '結他'이고 '巧克力'23)는 월어로 번역하면 '朱古力'가 된다. 영어인 'sandwich'의 중국어 외래어는 '三明治', '三文治' 등 두 가지가 있다. 또한 영어인 'chocolate'의 중국어 외래어는 '巧克力', '朱古力' 등 두 가지가 있다. 일부 방언 외래어는 표준어가 된 후 기존의 표준어 외래어와 서로

---

10) '江臣'은 '영사'를 뜻한다.
11) '孖氈'은 영어 단어 '머천드'에서 온 것으로 '상인'을 뜻한다.
12) '士擔'은 영어 단어 '스탬프'에서 온 것으로 '우표'를 뜻한다.
13) '濫斧'는 영어 단어 '램프'에서 온 것으로 '등'을 뜻한다.
14) '籍'은 '호적', '본적'을 지칭한다.
15) '極仔'는 '케익'을 지칭하는 외래어이다.
16) '漂'은 '흔적', '표시'이다.
17) '打'는 '한 묶음'을 지칭한다.
18) 호어는 상해 지역의 방언이다.
19) '沙發'은 '소파'를 뜻한다.
20) '水汀'은 '스팀'을 뜻한다.
21) '梳化'는 '화장을 하다'의 뜻이다.
22) '吉他'는 '기타'를 뜻한다.
23) '巧克力'은 '초콜릿'을 뜻한다.

뒤섞일 수 있다. 예를 들어 영어의 pump는 오어(吳語)로는 '幫浦'이고 표준어로는 '泵'인데 나중에 양자는 모두 표준어가 되고, 두 외래어가 결합되어 '泵浦'가 되었다. 이렇게 많은 방언 외래어들은 사람들의 교류에 혼란을 줄 수 있다.

방언외래어는 대량으로 표준어가 되었다. 대부분이 음역어인데 이것은 지역 방언의 발음을 그대로 가져왔다. 예를 들어 중국에서의 '出租汽車'[24]을 '的士'라고 하는데 정규적인 명칭은 '出租汽車'이다. 그러나 지금까지도 '的士'가 대중에게 더 흔히 사용되고 있다. 오늘날 북경의 거리에서 달리는 노란색 승합차는 대중에게 '面的'라고 불려진다. 북경인들도 이제는 습관적으로 '坐出租汽車'를 '打的'라고 한다.

지금까지 홍콩, 대만 지역의 경제가 중국을 초월하여 그들의 외래어들은 급격한 속도로 표준 중국어에 유입되었다. 홍콩과 대만에서 유행하는 외래어인 음의겸역어가 중국어에 영향을 끼친다. 표의문자(表意文字)인 한자는 단순한 주음부호가 아닌 단어를 보면 뜻을 알아볼 수 있는 기능으로 외래어의 표의 효과를 증가시킨다. 그러한 예는 '迷你裙', '香波',[25] '托福'[26] 등이다. 오늘날 외래어의 이름으로 된 상품 명칭들도 대다수는 홍콩과 대만 지역의 사람들에게서 번역이 되어 왔는데 이런 외래어들에서 사용된 중국어 발음은 민어와 월어에 가깝다. 예를 들면 담배 브랜드인 Marlboro를 '萬寶路'라고 번

---

24) '出租汽車'는 '택시'이다.
25) '香波'는 '샴푸'를 뜻한다.
26) '托福'은 '토플 영어시험'이다.

역하고, 'Kent'를 '健牌'로 번역하고, 'Mild Seven'을 '萬事發'로 번역
하는 등이 있다. 이러한 외래어들이 차지하는 비율은 상당하다. 홍콩
과 대만 지역은 현대화가 빠르고 발전이 중국보다 빨라서 홍콩과 대
만 에서 현대화와 관련된 생활 어휘가 많이 생겨났다. 이것은 중국
이 현대화의 새 사물에 대하여 인지하고 새로운 물건을 받아들이는
데 크게 영향을 끼쳤다. 그런데 다른 방면에서 보면 이러한 음역은
정확하지 않으며 혼란한 외래어 상품 명칭이 대량으로 전 사회로 퍼
져 외래어의 규범화에 나쁜 영향을 일으킬 우려가 있다.

2) 한 단어를 여러 가지 번역함

외국 사물과 외국 개념이 끊임없이 중국으로 들어오면서 현대 중
국어의 외래어 도 급격하게 증가하였다. 한 단어를 여러 가지로 번
역하는 현상은 날로 심해지며 하나의 외국 개념 혹은 외국 사물에
대하여 몇 가지, 심지어 몇 십 가지의 중국어 외래어가 있다. 음역어
는 발음 그대로 음역을 하기 때문에 발음이 비슷한 것을 원칙으로
하여 한자는 임의로 선택한다. 이로 말미암아 중국어로 번역하면 하
나의 단어가 여러 가지로 번역이 되는 현상이 나타난다.

高明凱와 劉正埮는 외래어와 중국어 음운이 엄격하게 대응되지 않
는 원인이 다음과 같다고 한다.

첫째, 일부 외래어는 먼저 방언 지역의 사람들에 의하여 방언 발
음으로 불러진 뒤 표준어로 바꾸어 방언적인 색채를 많이 띤다.

둘째, 문자의 출현이 많은 영향을 끼치는 시기에 외국어가 중국어
에 미치는 영향은 대부분 문자에 의하여서이다. 처음 번역을 한 사

람이 영어와 중국어 발음의 주관에 대한 차이성 때문에 중국어로 외래어의 발음을 표기하는 것은 영어 원어의 발음과는 엄격한 대응이 이루어질 수 없다. 그러므로 외래어를 만들 때 개인이 '제기한 방안'은 그 사람의 언어 발전 내부 규칙에 대한 부족한 인식으로 하여 이를 완벽하게 대응시킬 수는 없기 때문에 대중이 받아들이기 쉽지 않다. 또 다른 사람이 '제기한 다른 방안'으로 서로의 교류와 의견을 주고받지 않고 또 다른 많은 사람이 각자 '여러 방안을 제기'한다. 이렇게 외래어가 언어 속에서 자리를 잡지 못한 상황에서 여러 가지 서로 다른 '방안'들이 병존한다. 예를 들면 '巧格力', '巧古力', '朱古力', '朱古律', '査古律', '査古列', '諸古力' 등이 있는데, 지금까지도 통일된 외래어 명칭이 없다. "中華書局"에서 출판된 "辭海"에는 '朱古律'라고 되어 있으며 그 뜻풀이에는 "一作巧克力"(하나의 초콜릿)이라고 되어 있다. 1980년 판에는 '巧克力'로 수정하였으며 "世界書局"에서 출판된 "英漢四用辭典"에는 '朱古律'로 번역되어 있다. "啓明書局"에서 출판된 "牛津英漢雙解大辭典"에서는 '朱古力'라고 하였다. 吳炳鍾 등이 편찬한 "中國新明英韓辭典"에서는 '巧克力'라고 하였으며 그 뒤로 "國語日報辭典"에서도 '巧克力'라고 하였다.

셋째, 외래어를 만들 때 언어의미학의 원칙도 종종 음성에 영향을 끼친다. 서로 다른 수준에서 단어를 보아도 그 뜻을 나타낼 수 있게 하기 위하여, 즉 비슷한 음성으로 의미를 나타낼 수 있기 위하여 음성의 대응에서 조금 더 양보를 할 수밖에 없다. 예를 들어 영어인 'cement'는 '水'와 연관이 있어 사람들은 이를 의미학 원칙에 의하여 이를 '西門士', '士敏土'이라 하였으며, 또 의미학 원칙에 의하여 이를 '泗門汀', '水門汀'으로도 번역한 사람이 있다. 어떤 사람들은 발음 그대로 번역하였지만 서로 다른 한자를 사용하여 '塞門德', '塞門脫'라고 번역하였다. 그 결과 'cement'의 외래어는 '西門士', '泗門汀', '塞門德', '士敏土', '細綿土' 등 여러 가지 형태가 있다.

이러한 원인을 제외하고 대만의 외래어의 음역은 비교적 간결하며, 중국어 번역어의 음절수는 보통 대만의 음절수보다 많다. 중국의 음역어는 어휘 전체를 번역하여 자음이 쉽게 대응한다. 대만은 음절수를 간결하게 하기 위하여 역명(譯名)을 둘 혹은 세 개의 음절로 구성한다. 일반적으로 중국과 대만의 번역 명사를 비교해 볼 때, 같은 명사지만 중국의 글자 수가 대만보다 많다. 이렇게 중국과 대만의 외래어가 다양한 음역어가 병존하여 발음은 비슷하지만 서로 다른 한자를 사용하였기 때문에 쉽게 분간하기 어려우며 독자들로 하여금 판단하기 어렵고, 청자들도 이것들을 분별하기 어렵다.

3) 역법(譯法)이 일정하지 않음

중국어의 번역법에는 하나의 외국어 원어를 음역, 의역, 반음반의역, 음역어 등에 중국어 어소를 첨가한 외래어 등 여러 가지가 있다. 그러한 예를 들어 보면 다음의 (27)과 같다.

(27) vitamin　　　음의겸역 維他命, 의역 維生素

　　　miniskirt　　　반음반의역 迷你裙, 의역 超短裙

　　　microphone　音역 麥克風, 의역 微聲器(대만 : 擴音器)

　　　hormone　　　음역 荷爾蒙, 의역 激素 혹은 內分泌

　　　logic　　　　　음역 邏輯, 의역 論理學 혹은 理則學

index	음역 引得, 의역 索引
angel	음역 安琪兒, 의역 天使
violin	음역 梵啞鈴 혹은 梵婀鈴, 의역 小提琴
motor	음역 馬達, 의역 電動機
engine	음역 引擎, 의역 發動機 혹은 機關
miss	음역 密司, 의역 小姐

중국어가 외래어를 수용할 때 음역(音譯)이 큰 역할을 한다. 음역어는 다음절어가 많은데 중국어는 음절 대부분이 단음절, 이음절이고 다음절은 비교적 적다. 이것은 중국어의 언어 습관에 맞지 않으며 많은 외래어를 끌어들일 때 그 개념은 중국어에 대응하지 못하고, 음절법은 외국어 속의 깊은 뜻을 표현할 수가 없다. 일부 음역어는 의역어로 수정하여 하나의 외국어가 중국어로 되기까지 때로는 순음역, 때로는 반음반의역, 또는 음역어에 중국어 어소를 첨가하는 등 두 번 이상의 서로 다른 방법으로 번역되는데, 이것은 어휘 발전 과정에서 흔히 있는 과도 현상이다. 이러한 역법(譯法)의 불일치는 중국어에 혼란을 일으킬 수밖에 없다.

일반적으로 중국인은 외래문화를 받아들일 때 의역에 중점을 두어 급하게 외래문화를 수용하거나, 의역법으로 번역하기가 어려울 때 음역의 방법을 사용한다. 의미가 비슷하고 역법이 불일치할 때 의역은 음역보다 먼저 사용되는 역법이다. 특히 다음절어의 음역 외래어는 소멸되는 시기가 빠르기 때문에 다음절 음역어는 거의 의역어로 대체된다. 예를 들면 '安琪兒', '德謨克拉西',[27] '賽因斯', '德律風'[28] 등과 같은 외래어이다.

일부 음역어와 의역어가 공존하는 현상이 있다. 앞에서 보여 주듯이 영어의 'hormone'은 먼저 음역의 방법으로 '荷爾蒙'이 되었지만 나중에는 의역어인 '激素'가 되었다. 최근 몇 년 사이 '荷爾蒙'과 '激素'가 함께 사용되는 현상이 나타났다. 영어의 'index'는 음역으로 '引得'으로 되고, 나중에 의역으로 '索引'이 되었는데 지금은 음역과 의역 둘 다 중국어에서 사용되고 있다. 이러한 예들은 중국어의 음역외래어는 쉽게 사라지지 않아 한동안 소멸되었다가 또다시 사용되는 경우를 보여 준다. 중국과 대만의 역법으로 볼 때 중국은 일반적으로 의역어가 비교적 많은데, 대만은 음역어가 많다. 대만은 음역법이 많고, 중국은 음역과 의역을 모두 사용하거나 혹은 의역을 더 중시한다.

1949년 이후 오랫동안 미국은 대만에서의 영향력이 아주 컸다. 사회생활의 각 방면에 영향을 주고, 심지어 사람들의 관념의식에도 영향을 주어 영어 외래어들이 대만 어휘에 대거 등장하였다. 그것들은 모두 음역어의 형식으로 출현되었다. 그런데 중국인은 영어와 대규모로 장기간 접촉한 기회가 없었다. 그리하여 중국에는 영어 계통의 외래어의 양은 아주 적었으며 있다 하여도 모두 의역의 형식이었다. 그런데 근 몇 년 사이 형세는 많이 바뀌었다. 중국과 미국과의 외교 합작이 날로 빈번해져서 음역어의 양도 많이 증가되었다. 적지 않은 외래어들이 이미 중국에 의역어로 존재하고 있었지만 어떤 사람들은

---

27) '德謨克拉西'는 '민주주의'를 뜻한다.
28) '德律風'은 '전화'를 지칭한다.

홍콩 대만의 음역어를 자주 사용하였다. 예를 들어 '激光' 대신 '雷塞'를 사용하였으며, '舞會'29) 대신 '派對', '飛碟'30)는 '幽浮'로 사용하였다.

더욱이 음과 의미를 동시에 고려하여야 하는 음의겸역어는 중국에서 발전 추세에 놓여 있다. 대만의 신조 외래어는 음성에 의미를 곁들여 번역함을 기본 원칙으로 하였는데 이는 매체 전파를 추구한 결과이다. 사실 이것은 중국어의 음성 안에 의미가 함께 있는 특징과 관련이 있으며, 사용자들의 심리 요구를 만족시켜 준다. 예를 들어 '引得', '聲納', '幽浮', '迷你裙', '拍立得',31) '烏托邦',32) '維他命' 등이 있다. 그러나 이로 인하여 중국어 어휘의 기본 양상이 발전을 가져온 것은 아니다. 중국과 대만의 어휘 차이는 여전히 선명한 차이가 있다. 전체적으로 보았을 때 중국은 음역에 대한 태도가 아직도 조심스럽다. 그들은 음역어는 여전히 중국어 어휘의 발전과 어휘 규범의 확립에 불리하다고 생각하는 경향이 농후하다. 그런데 대만은 음역을 더욱 선호는 바람에 중국보다 음역어가 더 많다.

4) 동음자로 인한 서식 형식의 불일치

단어는 음성과 의미의 합성체이다. <荀子・正名>의 '名無固宜, 約之以命, 約定俗成謂之宜, 異於約則謂之不宜。名無固實, 約定俗成謂之實

---

29) '舞會'는 '파티'를 뜻한다.
30) '飛碟'은 'UFO'를 지칭한다.
31) '拍立得'은 '폴로라이드'이다.
32) '烏托邦'은 '유토피아'를 지칭하는 외래어이다.

名。名有固善, 徑易而不拂, 謂之善名'에서 '名'은 단어의 음성 형식이
고, '實'은 개념으로 단어의 의미 내용이다. 단어의 어음 형식은 대중
이 오랜 경험과 실천에 의하여 확정된 형식이다. 서로 다른 단어들
은 서로 다른 어음 형식을 가져도 되고, 또한 서로 같은 어음 형식을
가져도 되며, 동시에 사람들의 생리적인 조건의 제약을 받아 여러
언어의 음절은 모두 제한되어 있다. 이러한 제한된 음절을 가지고
무한한 개념을 표현하려고 하니 서로 다른 개념도 같은 하나의 음절
을 같이 쓰게 되었다.

음성 형식은 음성어의 물질체계이다. 모든 언어는 제한적인 서로
다른 자음과 모음의 다른 합성체로 서로 다른 단어를 만들어 낸다.
그런데 중국어는 또 다른 조건이 있는데 그것이 바로 성조이다. 성
조는 자음과 모음과 같이 의미를 구분하는 기능을 한다. 성조는 언
어 체계에서 중국어 음절의 부하 능력을 증가시키며, 중국어의 단음
절어 역시 성조와 결합되어야 발달한다. 의미를 표현하는 음절은 제
한적이고 새로운 단어들도 끝없이 많아 단음절어는 자연적으로 쉽게
동음이 될 수 있다.

외래어는 원어의 음역에서 오며, 중국어의 표면적인 의미와는 상
관이 없다. 그런데 중국어에 들어오면서 한자의 영향을 받게 된다.
우선 중국어는 한 글자씩 읽어야 하는 언어이고, 동음자가 많기 때
문에 한자로 쓰게 되면 각양각색으로 쓸 수 있다. 예를 들어 '密司脫'
는 '蜜司脫'라고도 하고, '密司'도 '密斯', '蜜司'라고도 하며, '開司米'
는 '開斯米', '開四米'라고도 한다. '威士忌'는 '胃士忌', '衛士忌'라고
도 하며 '夾克'는 '茄克', '歇斯底裏'는 '歇斯特裏', '香檳酒'는 '香賓

酒'라고도 한다.

중국과 대만의 외래어 중에 이러한 예들을 많이 찾을 수 있다. 예를 들어, '羅曼司'-'羅曼斯', '盎司'-'盎斯', '華爾滋'-'華爾茲', '密司'-'密斯', '香檳酒'-'香賓酒', '羅曼蒂克'-'羅曼諦克' 등이 있다. 이 것들은 다른 글자를 사용하지만 모두 동음어이다. 이는 사람들이 대화할 때에는 큰 영향이 없지만 서면으로 교류를 할 때에는 쉽게 오해를 살 수 있다.

앞에서 설명한 여러 원인으로 하여 현대 중국어 외래어의 불일치 현상은 심각한 실정이다. 이런 상황은 중국어의 교류 기능을 방해하며 현대 중국어를 사용하는 사람들이 서로 원만한 이해를 하지 못하게 할 수 있는 것이다.

5) 어원이 다름으로 인하여 나타나는 차이

중국어의 여러 외래어는 같은 의미를 나타내는 단어가 많이 존재한다. 영어로써의 번역과 다른 기타 언어로써의 번역은 서로 다르다.

> [보기] (ㄱ) 영어 chocolate → 巧克力
> 포르투갈어 chocolate → 之古辣
>
> (ㄴ) 영어 coffee → 咖啡
> 일본어 珈琲 → 珈琲
>
> (ㄷ) 영어 cocain → 可卡因
> 일본어 古柯城 → 古柯鹼

이렇게 동일한 사물이지만 어원이 다름에 따라 한 가지 사물에 여러 이름이 나타나는 혼잡한 상황이 일어날 수 있다. 이것은 많은 외국어 원어가 여러 경로를 통하여 현대중국어에 들어오기 때문이다. 일부 외국어 원어는 중국어의 외래어에 직접적으로 수용되고, 일부 외국어 원어는 다른 나라를 통하여 중국어 외래어에 수용되기도 한다.

중국어 외래어의 음역 형식이 어원을 찾을 수 없어 사람들에게서 오해를 일으키기도 한다. 문학 작품 중에서 이러한 예를 찾아볼 수 있다. "紅樓夢"의 제52회에는 '寶玉便命麝月："取鼻煙來，給她嗅些，痛打幾個噴嚏，就通了關竅。" 麝月果眞去取了一個金鑲雙扣金星玻璃的一個扁盒來，遞與寶玉。寶玉便揭翻盒扇，裏面有西洋琺琅的黃髮赤身女子，兩肋又有肉翅，裏面盛著些眞正汪恰洋煙'라는 부분이 나온다. 여기서 '汪恰，西洋一等寶煙也'라고 나오는데 '汪恰'는 무엇인가? 전문가들의 연구에 의하면 '汪恰'는 'virginia'인데 여기서의 '汪恰洋煙'은 바로 미국 버지니아주에서 생산한 세계 유명한 담배였던 것이다. 그러나 그 발음이 프랑스어 'vienge'에 더 가깝다. 이것은 17~18세기에 많은 프랑스인들이 중국에 들어왔으며 강희 황제, 옹정 황제, 건륭 황제 이 3대 황제의 고문이 바로 프랑스인 巴多明이었다. 그는 曹雪芹 시기의 인물이며 이로 하여 홍루몽에도 많은 외래어들이 나타나는데 이것들은 프랑스에서 유래된 것이다.

현대중국어 외래어의 유래를 보면 영어에서 전파되어 현대중국어에서 다시 개조되어 사용되는 기타 언어의 단어들이 중국어 외래어에서 많은 부분을 차지한다. 예를 들면 영어의 'cigar'는 포르투갈어인 'cigarro'에서 유래된 것인데, 'cigarro'는 마야어의 'sigar'에서 온 것이며, 'sigar' 또한 'sic'에서 변화한 것이다. 그리고 영어의 'nicotine'은 프랑스어 'nicotiane'에서 온 것이며, 이것이 라틴어의 'nicotiana'에서 온 것이다.

외래어는 중국어를 풍부하게 하고 발전시켰으며, 중국어에 없는 의미를 보충하였고, 중국어의 일상생활의 어휘를 풍부하게 확대시켜 주었다. 또한 외래어는 중국어 표현 체계의 혁신을 촉진시켜 중국어로 하여금 스스로의 용량과 표현력을 풍부하게 하고 주동적으로 서방의 선진 과학을 받아들이고, 동서양 문화에 대하여 깊은 이해 능력을 갖도록 도와주었다. 외래어가 중국어의 발전을 촉진한 것을 인정해야 하지만 다른 한편으로 외래어가 언어 발전에 대하여 부정적인 효과를 가져 올 수 있다는 사실을 무시하여서는 안 된다. 과도하게 외래어를 수용하면 중국어의 언어 사용에 혼란을 주게 된다. 외래어가 급증하는 상황에서 외래어의 혼란 현상은 실로 심각하다. 번역의 불통일은 언어 교류의 어려움을 증가시킨다. 그러므로 외래어의 통일과 규범 대책에 대하여 찾고 과학적이고 정확하게 외래어를 사용하여 외래어의 개조에 대하여 기준을 가져야 한다.

앞에서 중국어의 방언, 한 단어에 대한 여러 가지 번역, 역법의 일정하지 않음, 동음자, 어원의 차이 등의 측면에서 외래어의 혼란한 현상 및 그 발생 원인에 대하여 살펴보았다. 아래에서 여러 차이점에 대한 방안에 대하여 모색해 보기로 한다.

2.2. 규범화 문제

언어 수용의 기능은 다른 혼잡한 현상과 동시에 존재한다. 중국어는 한편으로 대량의 외래어 신조어를 흡수하였으며 다른 한편으로 여러 가지가 역법이 많이 섞여 혼잡한 현상이 존재한다. 또한 사람들의 문화 소질과 생활환경 등 여러 면에서 많이 다르기 때문에 외래어의 사용에 있어서도 많은 의견 대립과 문제가 많이 존재한다.

언어의 발전 과정에서 이러한 의견 대립이 나중에는 점차 사라질 것이다. 언어를 사용하는 이 사회는 항상 이러저러한 형식에서 무심코 언어 발전의 내부 원칙에 의하여 가장 합당한 외래어를 선택하여 사용하여야 하고, 이를 정착시켜야 한다. 예를 들어 영어의 'golf'는 현대중국어에서 '高爾夫', '高而福', '果爾夫', '考而夫' 등 네 가지 서로 다른 방식으로 번역되었다. 그러나 마지막에는 '高爾夫'의 형태로 중국어에 정착되었다. 영어인 'whisky'는 현대중국어에서 '威士忌', '灰司克'로 번역되었지만 나중에는 '威士忌'로 정착이 되었다. 이러한 언어의 발전 과정은 비교적 느리고 어떤 의미에서 볼 때 현대중국어의 신속한 발전에 영향을 줄 수 있다. 사람들은 비록 언어 발전의 내부적인 원칙을 만들지는 못하지만 주관적인 노력을 통하여 언어 발전을 촉진시킬 수 있다. 그러므로 현대중국어 외래어의 대립 현상을 막기 위하여 주관적인 노력이 반드시 필요한 것이다.

외래어의 규범화 문제는 어려운 작업이다. 외래어에 대하여 일일이 강제적인 방식으로 규범화 작업을 진행할 수 없으며 이러한 방법은 효과적인 결과를 얻을 수 없다. 외래어의 규범화에 대한 원칙은 다음과 같다.

1) 일반화하여야 한다

언어는 한 나라 혹은 사회 대중이 서로 생각을 소통하고 정보를 전달하는 행위이다. 언어의 생성, 발전 및 변화는 모두 대중에 의하여 결정이 되며 그 어떤 누가 규범화를 하거나 공제한 것이 아니다. 언어는 사회 대중과의 가장 친근한 사회행위이며 언어 사회 구성원만이 언어의 발전을 결정한다.

외래어는 언어의 구성 요소로 긴 시간의 사용을 통해 최종적인 판단이 되어 정착된다. 외래어는 언어와 함께 발전하며 시간이 흐름에 따라 사람들이 사물에 대한 이해와 관념, 시각이 모두 변하면서 사용하는 단어도 달라지기 때문에 지금 규범화하는 외래어가 미래에도 사용될 가능성이 적으며 또한 지금은 외래어로 인정되지 않은 외래어들도 나중에서는 대중에게 받아들여질 수 있고 나아가 사전에 수록될 수도 있다. 일반화의 의미는 두 가지가 있는데 하나는 대중에게 수용되고 사용되어야 하는 것이며 다른 하나는 사용하면서 검증을 거쳐야 한다는 것이다.

새로운 개념을 접하였을 때 대중은 그들이 파악하기 쉬운 표현 형식을 선택하기 때문에 규범화의 방향은 적극적으로 대중에게 다가가 이를 습관화하여야 하는 것이다. 가장 많은 대중의 인정을 받아야만 생명력이 강한 표현 형식이기 때문에 빨리 수용하고 이를 규범화하여야 한다. 언어의 발전은 사람들의 의지력에 의하여 변화하기 어렵다. 제2차 세계대전 이후 오늘날까지 프랑스는 프랑스어의 순화 과정을 멈춘 적이 없으며, 영어가 프랑스어에 미치는 영향을 최대한도로 줄이고자 하였다. 프랑스는 프랑스어의 정화를 아주 중요시하며, 프랑스는 세계 최초로 과도한 외래어의 사용에 대하여 반대한 나라이고, 이 문제에 대하여 입장이 가장 확고한 나라이다. 제2차 세계대전 이후 영어가 날로 흥행한 반면 프랑스는 국제 사회에서의 지위가 날로 추락하여 프랑스인들이 영어를 사용하는 현상이 날로 보편화되었다. 이러한 현상을 억제하기 위하여 프랑스 정부는 70년대 중반 광고와 정부의 서류에 과도한 외래어를 사용하지 못하게 하는 법령을 제정하였으며, 1977년 1월 4일에 정식으로 효력을 발생하였다. 1994년 2월 프랑스 정부는 새로운 두 가지 대책을 내놓았다. 첫째, 외래어의 범위를 넓혀 사용하여서는 안 되며 국제적인 무역 교류 중에도 외래어를 사용하지 못한다. 둘째, 앞으로 3년 내 해마다 미국의 6개 대학에 40만 달러를 후원하며 그 곳에 6개의 프랑스 문화 연구 센터를 설립한다. 1994년 7월 1일 프랑스 국민회의는 한차례의 논쟁을 일으킬 법규를 통과시켰다. 이 법규에는 프랑스어로 전에 프랑스어 대신 사용하였던 3500개의 영어 어휘를 대체하여 사용한다고 밝혔다. 프랑스 정부는 이미 정식 어휘 사전을 발표하였으며, 이 중에는 예전에 상업, 과학 문헌 및 신문 매체에서 사용하였던 영어 외래어를 모두 프랑스어로 수정하였다. 이 법규에 의하여 광고, 상품 표기, 출판물과 계약서 등은 모두 프랑스 어휘를 사용하여야 한다.

중국어 외래어는 어떤 상황에 놓여 있는가? 현재 중국의 사회 발전 속도가 급속하여 중국어 외래어 역시 급속도로 중국어에 유입되었으며, 심지어 중국어가 수용할 수 있는 한도를 훨씬 초과하였다.

이들 외래어의 일부는 일반화가 되어 가고, 일부는 혼란한 상태에 빠져 있다. 이러한 상황에서 이러한 외래어들이 규범화에 맞지 않다고 점차적으로 중국어에서 사라지게 할 것이 아니라 대중으로 하여금 판단하게 할 것이다. 만약 중국어 외래어의 의역, 음역, 의미겸역과 음역어에 중국어 어소를 첨가하는 방법 등 번역법에서 이미 우세하고 유용한 역법이 있으면 그것을 일반화하여 표준 방식으로 정하여야 하고, 이를 인정하고, 다른 방법들에 대하여서는 일단 거론을 하지 말아야 한다. 왜냐하면 이미 사회의 제약을 거쳐 일치성을 갖고 있으면 이는 사회적으로 안정적이고, 순서적이며, 합리적이어서 최종적으로 사회가 받아들일 수 있는 규범화된 외래어이다. 만약 여러 가지 형식들이 모두 사용이 된다면 가장 많이 사용되는 것을 주요 대상으로 하여야 하며, 사회가 자동적으로 언어의 체제를 조절할 수 있다고 믿어야 한다.

　만약 한 외래어가 오래 사용되었고 이미 고정적인 발화법과 서법이 있다면 우리는 이러한 역사를 존중하여야 하며, 이를 함부로 수정하여서는 안 되고 다른 사람이 막무가내로 만든 새로운 형식을 사용하여 우리의 전통을 포기하여서는 안 된다. 예를 들어 영어인 'cocoa'는 현대중국어에서 예전부터 '吗吗'로 불렸지만 오늘날 '蔻蔻'라는 새로운 형식이 출현되었다. 비록 '蔻蔻' 글자의 윗부분에 '草'가 있어 어떠한 의미를 나타내기는 하지만 '吗吗'가 이미 일반화가 된 지 오래되었기 때문에 우리는 역사의 원칙에 의하여 '吗吗'를 사용하고 '蔻蔻'를 사용하지 말아야 한다.

2) 정확하고 적합해야 한다

유럽에서 로마문자를 사용하는 나라는 서로의 어휘를 빌려 쓰기에
아주 편리하다. 예를 들어 영어에 프랑스어나 독일어, 스페인어를 끼
워 넣어 프랑스어, 독일어, 스페인어의 방식대로 읽어 내거나 영어로
읽는 등 여러 가지가 다 가능하다. 중국어 문화권에 있던 일본은 외
래어를 수용할 때 한자로 음역이나 의역으로 외국어를 번역하였다.
그런데 오늘날 중국어의 외래어를 입력할 때 원형은 남겨 놓고 옆에
는 가나로 발음을 표기하여 놓는다. 중국어 이외의 외래어를 입력할
때에도 전부 가나로 표기하며 또한 가나로 외국어를 표기할 때 모두
일정하게 대응하는 음이 있는데 사람마다 똑같고, 곳곳마다 똑같으
며 앞뒤가 일치하며 원상복귀도 가능하여 대조하기 편하여 조판 인
쇄할 때 본문은 히라가나로 표기하고 외래어가 나타나도 바로 알아
볼 수 있다. 스웨덴의 한자 학자 高本漢은 일본의 이러한 표기법에
극찬을 한 적이 있으며, 이것은 동방 국이 서방 국을 따라 잡는 지름
길이라고 하였다.

중국어는 표의문자이다. 보통 한 글자가 한 음이고 또한 동음자가
많아 외래어를 수용할 때 완전한 대응은 불가능하다. 현대중국어의
음역어는 될수록 원어의 음(音)과 비슷한 단어를 선택하여야 하며 또
한 동의어의 색채를 띤 단어를 배합시켜야 한다. 중성적인 어휘는
소극적 색채를 띤 중국어를 사용하지 말아야 하며, 어려운 글자를
사용하거나 될수록 새로운 단어를 만들지 말아야 한다. 지난날 일부
외래어들은 어려운 한자들로만 번역되어 왔는데 이런 이유로 하여

확산과 전파가 어려웠다. 불경의 수많은 외래어는 지금까지도 소수의 사람만이 이를 읊을 수 있다. 예를 들면 '曬嚩',33) 그리고 중국 고서의 일부 외래어로는 '樗斡麼',34) '溫禺鞮'35) 등이 있는데, 이것들은 글자가 어렵고 발음도 어려워서 오늘날에는 모두 사용되지 않는다.

다른 측면에서 외래어에 일반적으로 자주 사용하는 한자를 사용하여도 아래 위 문장을 읽을 때 오해를 일으킬 수 있다. 遼金元은 구사(舊史) 외족의 역명에서 '星顯', '花道', '兩訛可', '定性', '久住', '吾也兒', '眞金', '太上', '咬住', '敎化' 등이 있었는데 이것들이 사람 이름임을 알 수가 없다. 현대중국어 외래어에서도 이러한 현상을 막을수는 없다. '拿破崙'에서 '拿'는 동사로 해석할 수 있고, '幽默'(humour)는 '고요하고 침묵하다'로도 해석이 가능하다. '山道年'(santonin)도 인명인데 이런 것도 그 의미를 분명히 알 수가 없다. 음역한 외래어는 정확하게 한자를 선택하여 만드는 것이 아주 중요한 일이다.

그 외 음역은 반드시 외국어 원어의 발음을 엄격하게 준수하고 표준 발음으로 번역하여야 하는데, 이것은 방언의 번역에도 도움이 되게 하기 위하여서이다. '沙發', '水汀', '泵' 등도 월어로 발음하기보다도 표준어로 발음하여야 원어의 발음에 더욱 가깝게 들린다. 중국어의 서법에서는 될수록 간단하고 통일된 외래어를 사용하여야 한다.

---

33) '曬嚩'는 산스크리트어에서 유래된 단어로서 '기쁨, 쾌락'을 뜻한다.
34) '樗斡麼'는 거란에서 유래된 단어로서 '어마마마'를 뜻한다.
35) '溫禺鞮'는 흉노어에서 유래된 단어이다. 이것은 '흉노 천자'의 칭호이다.

3) 쉽게 기억되고 어감이 부드러워야 한다

쉽게 기억되고 어감이 부드러운 것은 하나의 요소만 고려하면 된다. 단어의 길이가 짧아야 하며, 전부터 이미 통일되거나 규범화된 중국어 외래어들을 살펴보면, 항상 일반적으로 음절이 적은 단어가 음절이 많은 것들보다 우세하다. 4음절어는 거의 가장 안정적이고 오래된 단어이다. 사람들은 언어 교제에서 항상 경제적이고, 간편하며 명확하게 교류하기를 원하기 때문에 음절이 많은 외래어는 종종 사람들의 환영을 받지 못한다. 이때 만약 음절수가 적은 외래어가 나타나면 사람들은 음절수가 적은 외래어를 선택하여 사용할 것이다. 예를 들어 5·4시기 한때 홍행하였던 음절수가 많은 음역어들이 이미 이음절어로 교체되었다. 예를 들면 '德謨克拉西 → 民主', '伯理璽天德 → 總統', '煙士披利純 → 靈感' 등이 있다.

현대중국어의 어법은 조금 특수한 규칙이 있다. 외래어의 구조는 반드시 현대 중국어의 단어 구성법에 부합되어야 한다. 하나의 원어에 여러 가지 외래어가 있을 때 우리는 그 단어가 현대중국어의 단어 구성법의 규칙을 반영할 수 있는지, 혹은 현대중국어의 단어 구성법의 규칙에 적합한지에 따라 그 단어를 채택하고 그 나머지 것을 버린다. 현대중국어의 어소는 모두 의미를 지니고 있다. 그러므로 서로 다른 형식에서도 순음역과 음의겸역을 구별할 수 있다. 이런 상황에서 우리는 현대중국어의 의미 원칙에 의하여 중국어로써 외래어의 의미를 가장 잘 표현할 수 있는 단어를 채택하고 순음역한 외래어는 버릴 것이다.

요컨대 외래어 통일의 주요 규칙은 일반화하는 것이며, 통일의 과정 역시 외래어를 일반화하여야 실현이 된다. 외래어가 수용된 후 한동안 시련을 겪고 나서야 점차 중국어에 정착이 되며, 대중이 받아들인다.

새로 생긴 외래어에 대하여서는 앞서 그 규범화와 앞으로의 이용 및 중국어의 발전에 대한 불이익 등을 판단하지 말아야 한다. 예를 들어 '鐳射'는 영어 단어 'laser'를 음역한 외래어인데, 이 외래어는 먼저 대만과 홍콩에서 사용되었으며, 중국인들은 이 외래어를 잘 알지 못하였다. 또한 중국어에도 'laser'를 의미하는 '激光'이라는 어휘가 있기 때문이다. 어형에서 보면 '鐳射'는 기본상 음역 외래어 같지 않고 반대로 중국어에서 새로 만들어 낸 신조어와 같다. 사람들이 '鐳'를 금속원소로 오해할 수도 있기 때문에 '鐳射'를 외래어로 사용하지 않는 것이 좋을지 모른다. 그런데 사실상 이 어휘는 이미 중국에서 사용 빈도가 많이 증가하였고, 중국인들에게 나쁜 영향을 가져다주지는 않았을 뿐만 아니라 그 누구도 앞으로 이 단어가 점차 '激光'이라는 단어를 소멸시킬지 안 시킬지는 모른다. 혹은 '鐳射'는 '激光'과 함께 각자 다른 분야에서 사용되고 발전할 수도 있다. 따라서 섣불리 판단하지 말고 이 외래어가 중국어에 정착할 수 있는지를 세심히 관찰하고 나서 결정하여야 한다.

외래 사물이나 외래 개념들이 도입될 때 마땅히 이 모든 것에 대하여 너그러운 태도로 세심히 관찰하여야 하고, 충분한 데이터와 과학 논거가 있은 뒤에 그것들의 역명(譯名)에 대한 통일과 규범화의 작업을 하여야 한다.

중국과 대만의 외래어 차이를 해결하고자 한다면 먼저 존재하는 문제에 대하여 조사를 하여야 한다. 이것이 가장 먼저 해야 할 문제이다. 중국의 언어학자들이 대만과의 외래어 차이를 조사하려면 대만에서 사용하는 외래어에 대하여 많이 알아야 한다. 이와 마찬가지로 대만의 언어학자들도 중국의 외래어에 대하여 많이 알아야 한다. 쓰家寧은 "언어학자들의 작업은 분석하고 고찰하며 중국과 대만 어휘의 차이에 대하여 연구를 가해야 할 것이지 그 규범에 대한 연구가 아니다.'라고 하였다. 양국인들이 서로 이해하고 서로 소통하여야 공감대를 형성할 것이다. 그런데 진지하고 침착하게 조어하지 않으면 중국과 대만의 외래어의 차이점에 대하여 제대로 파악할 수 없을 것이다. 서로 믿고 이해하는 것을 기초로 문화 교류와 언어 교제 과정에서 그 차이점을 해소하여야 한다.

차이점을 해소하는 데에는 또 다른 방법이 있는데, 이것은 다른 단계에서 서로 다르게 대해야 하는 것이다. 서로 다른 단계의 언어 형식의 규범은 다른 사용 기능과 함께 고려하여야 한다. 중국어 외래어를 사용 기능에 따라 분류하면 전문 용어, 직종 단어, 일상 어휘 등으로 나뉜다. 이렇게 다른 외래어들의 사회 기능은 서로 다르고, 규범과 목표 및 요구도 달라 사용 방법도 다르며, 사교에 직접적인 나쁜 영향을 주어 최대한 빨리 이 차이를 해소하고 통일시켜야 한다. 특히 과학 기술에 과한 전문 용어, 인명, 지명 등에 관한 외래어의 차이를 빠른 시일 내에 통일하여야 한다. 그중 전문 용어의 규범에 대한 요구가 가장 높은데, 이것은 규범화, 표준화 그리고 국제화까지 시켜야 하기 때문이다. 전문 용어는 학술 교류의 중요한 도구이기 때문에 전달하는 의미가 정확하여야 하고, 단의성이 있어야 하며, 계통성도 있어야 한다. 일부 전문 용어의 규범화에 대해서는 해당 부문의 전문가들도 함께 책임지고 진행하여야 한다. 이것은 중국과 대만 및 다른 지역의 중국인들 간의 경제와 문화 교류가 날로 증가하기 때문에 범세계적인 정보 교류도 날로 활발해진다. 현대중국어 어휘에서 특히 과학 기술 전문 용어의 규범화, 표준화가 반드시 이루어져야 한다.

규범 통일의 문제는 반드시 여러 전문가들이 함께 논의하여야 하며, 어휘학자들의 주관으로 그것의 문제를 해결하여서는 안 된다. 외래어의 규범과 표준화에 관한 연구는 연구대로, 발표는 발표대로 하기 때문에 수많은 사람이 이에 반감을 가진다. 따라서 정치와 경제학계에서 많이 참여하고 대중 매체와 정부가 힘을 합쳐야 한다. 오늘날은 예전과 달라 대중 매체가 매우 발달하였다. 집집마다 텔레비전, 컴퓨터 등이 있어 우리는 이러한 매체를 이용하여 외래어를 규범화하여야 하며, 거기에 교육부, 중앙표준국, 자원회, 대륙위원회 등과 공동 후원하여 여러 방면의 규범 문제를 해결하고 관리와 감독을 철저히 하여 확실하게 현실화시켜야 한다. 이러한 외래어의 규범화는 중국어 발전의 객관적 추세에 따라 언어 발전의 내부 규칙을 체계화하면 효과적인 규범이 될 것이다.

중국과 대만의 외래어의 차이에 주의하며, 양국 모두 외래어에 이미 습관이 되었기 때문에 양국 외래어가 병존하게 하여 사회적으로 자연 도태되도록 하여야 한다. 언어 체계는 일정하게 자체적인 순화 능력을 가지고 있다. 따라서 이러한 외래어에 대하여 무리하게 걱정하지 말고, 두려워하지 말아야 한다. 우승열패는 자연의 가장 공정한 심판이며, 언어 발전 변화의 율법을 따르게 한다. 신조 외래어, 아직 정착하지 못한 외래어에 대하여서는 마땅히 중국과 대만 양측이 합의하에 결정하는 것이 합당하다.

중국과 대만의 차이는 대만과 중국이 장기간 분열된 데서 비롯된 것이다. 중국과 대만의 관계에서 서로 발걸음을 촉진하였기에 오늘날 새로운 형세가 나타났다. 오늘날 문화 교류가 날로 빈번해짐에 따라 양국의 단어들이 혼용되어 한동안의 혼잡한 단계에 놓여 있었다. 외래어의 차이는 분명히 양국의 교류에 불편함을 가져다주었다. 접근과 동화의 관건은 첫째 교류와 접촉이고, 둘째는 사람들의 교류와 구어상의 교류이다.

대만인이 중국에 친척 방문을 할 수 있고, 중국인이 대만에 갈 수도 있다. 이렇게 양국의 교류에서 서로 다른 단어들을 서로 수용하거나 부정하며 자연스럽게 가까워질 것이다. 과학과 문화 영역의 교류도 아주 중요하며 또한 이로운 것이다. 외래어가 다른 지역에서 큰 차이를 나타낼 때 이러한 교류는 더욱 중요하게 느껴진다. 지금까지 외래어의 수용과 사용 상황으로 볼 때 중국과 대만 지역의 차이는 아직도 선명하다. 예를 들어 인명과 지명의 서식 번역, 일상생활 용어의 사용 등과 같은 양국의 문화 교류는 날로 증가되며, 정보화의 언어 교류에서도 날로 깊어진다. 이러한 대립이 가져다준 부담과 불편은 우리들로 하여금 외래어의 수용과 사용에 대하여 그 문제점에 대한 조사가 더욱 시급하다는 필요성을 알게 해 준다.

두 번째는 문자 교류이다. 근 몇 년 이래 중국에 많은 대만 작가의

책들이 출판되었고, 중국 작가들의 작품들도 대만에서 계속하여 출판되고 있다. 양국의 서적 교류는 양국어 어휘의 접근과 통일을 촉진하였다. 중국과 대만의 왕래가 잦아지면서 양국의 단어 접근과 동일하게 변하는 속도도 빨라진다.

양국 외래어의 통일 작업을 진행하는 동시에 차이의 진일보 확대를 방지하는 것은 양국 언어 정책 당국자들과 언어학 종사자들의 책무이다. 이 작업은 매우 필요하다. 양국의 언어학계에서는 이미 중국과 홍콩, 대만 어휘 대조 사전 편집에 착수하였다. 여기에서 우리가 또 주의할 것은 한 부의 좋은 사전은 언어의 변천에 따라 수정되어야 한다. 언어의 단위가 각각 변하고 있기 때문에 사전도 따라서 수정을 하여야 한다.

양국은 최근 몇 년 동안 어휘의 변천과 발전 규칙에 대한 연구를 많이 하였다. 그러한 연구에 의거하면 중국과 대만 모두에서 자주 사용하면서 크게 상이한 외래어의 수는 많지 않다. 만약 양국 학자들이 공동으로 연구 토론을 거치고 취사선택 표준을 제기하고, 약간의 규범 단어의 예를 공개하면 아마 전파 매체에 조금은 규범 작용을 할 것이다. 특히 간행물, 도서의 편집 종사자들의 책임이 크다. 이러한 서면 출판물의 전파가 매우 광범위하기 때문이다. 객관적으로 문자의 정확한 사용은 시범 작용을 한다. 이 관문을 잘 넘기고 외래문자와 외래어의 수식 방식을 그대로 옮기지 말고, 한자 체계의 궤도에 들어서서 한자의 표준화와 규범화에 부합시켜야 한다.

중국어 언어의 역사를 살펴보면, 공존에서부터 융합으로, 규범으로 발전하는 추세가 존재한다. 서로 교류하면서도 영향을 끼친다. 현대중국어 외래어의 통일은 가능하다. 세계에서 어디든 사람들이 사용하는 중국어는 발음, 어휘, 어법 등 거의 똑같을 뿐만 아니라 현대중국어의 일부분으로서의 외래어도 대부분 통일되어 있다. 또한 문화의 교류든 언어의 영향이든 모두 직접적이다. 그 매체도 다양하다. 통일되지 않은 외래어는 현대중국어에서 차지하는 비중이 매우 작으므로 해결하기 어려운 것도 아니다.

백 년 동안에 한 언어를 동화하거나 한 언어를 독립시키려면 불가능한 일이다. 특히 풍부한 문화를 가지는 중국어는 더 불가능하다. 지금 있는 자연스러운 민간 어문간의 상호작용으로부터 보면 양국 어문의 차이는 자발적으로 일정한 범위에 통제될 수 있다. 따라서 우리는 오래되고 찬란한 중화 문화와 그 매체로서의 한민족의 공통어가 가지는 강한 응집력을 충분히 보고, 양국 어휘 현실에 존재하는 차이점을 과장하지 말아야 한다. 동시에 양국 어휘에 존재하는 다른 견해를 연구하는 데도 유의하여야 한다. 이러면 양국 언어의 통일과 규범을 함께 촉진할 수 있을 것이다.

참고 문헌

何文華, 《粵語詞彙探索》, 珠海大學中國歷史研究所博士論文, 1983.

吳致君, 《漢語借詞之研究》, 國立高雄師範大學國文研究所碩士論文, 1994.

吳泰良, 《The Structure of Loanwords from English》, 國立高雄師範大學英語研究所碩士論文, 2000.

呂昭慧, 《現代漢語新詞語料的整理與研究》, 中國文化大學中國文學研究所碩士論文, 1999.

金善娥, 《標准中國語的外國詞彙收容研究》, (韓國) 梨花女子大學校大學院碩士論文, 2000.

孫慶玉, 《現代中國語的同義語研究》, (韓國) 高麗大學校大學院博士論文, 1994.

李敬, 《大陸與台灣外來詞對比研究》, 河北大學漢語語文字學碩士論文, 2009.

金慧順, 《韓・中・日外來語研究》, (韓國) 嶺南大學校大學院碩士論文, 2000.

梁世烈, 《國語語的外來語研究》, (韓國) 東國大學校教育大學院碩士論文, 2001.

袁筱青, 《現代漢語諧音研究－以華文廣告文案爲例》, 國立台灣師範大學華語文教學研究所碩士論文, 1998.

許斐絢, 《台灣當代國語新詞探微》, 國立台灣師範大學華語文教學研究所碩士論文, 2000.

陳光明, 《漢語複合動詞的研究》, 私立輔仁大學中國研究所碩士論文, 1988.

盧東善, 《中國語中的外來詞研究》, (韓國) 成均館大學校大學院碩士論文, 1974.

魏岫明, 《國語演變之研究》, 國立台灣大學 中文研究所 碩士論文, 1981.

刁晏斌, <海峽兩岸語言差異研究之我見>, 《華文世界》, 1998.

卜祥忠, <漢語外來詞的"漢化" 現象>, 《棗莊師範專科學校學報》, 2002.

元婷婷, <略論台灣地區流行新詞與社會心理的關係(下)>, 《華文世界》, 1999.

文 紅, <正確對待流行語中的借詞>, 《吉首大學學報, 2000.

方夢之, <用洋文出洋相－簡論漢文中夾雜英文的問題>, 《詞庫建設通訊》, 1994.

王仲聞, <統一譯名的迫切需要>, 《中國語文》, 1953.

王吉輝, 焦妮娜, <字母詞語的使用與規範問題>, 《漢語學報》, 2001.

王艾綠, 司富珍, <外來詞的內部形式化傾向>, 《世界漢語教學》, 1998.

王　珏, ＜漢文化對外來詞的馴化＞, 《解放軍外語學院學報》, 1994.

王芳姿, ＜英漢外來詞比較＞, 《嘉與學院學報》, 2001.

王金凱, ＜關於外來語的思考＞, 《洛陽師專學報》, 1997.

王崇義, ＜"洋"詞"中"用芻議＞, 《外語與外語教學》, 2000.

王愛國, ＜英漢構詞法比較＞, 《中國民航學院學報》, 1997.

王銀泉, ＜外來詞瑣讀＞, 《四川外語學院學報》, 1994.

古嘉台, ＜淺談今日社會之流行語＞, 《華國外語學報》, 1997.

史有爲, ＜語言社群類型與台灣的外來詞＞, 《語言文字應用》, 1999.

本刊討論員, ＜借詞的形式問題＞, 《語文建設通訊》, 1994.

田惠剛, ＜漢語"外來詞"概念界定獻疑＞, 《詞庫建設通訊》, 1993.

田惠剛, ＜關於"BP機"的探討和"維吾爾族"的再探討＞, 《詞庫建設通訊》, 1995.

伍玉嬋, ＜淺談新詞語中外來詞的特點＞, 《廣西政法管理幹部學院學報》, 2001.

伍　卓, ＜試論外來語的使用與翻譯＞, 《山東師大外國語學院學報》, 2001.

伍鐵平, ＜借詞的詞義＞, 《詞庫建設通訊》, 1993.

全廣鎭, ＜On Theories for characteristics of Chinese Writing System＞, 《中語中語學》, 2002.

朴貞姬, ＜中國海峽兩岸外來詞對比研究＞, 《山東教育學院學報》, 2002.

朴浣錫, ＜韓·日外來語의研究 : 言語意識調查中心＞, (韓國) 《中央大教育論叢》, 1995.

朱永鍇, ＜怎樣處理這些"混血兒"詞語＞, 《詞庫建設通訊》, 1994.

朱永鍇, ＜香港粵語裏的外來詞＞, 《語文研究》, 1995.

朱　原, ＜外來語和詞典＞, 《詞庫建設通訊》, 1998.

朱廣祁, ＜海峽兩岸第語文差異與統一＞, 《山東大學學報》, 1994.

朱慶之, ＜漢譯佛典語文中的原典影響初探＞, 《中國語文》, 1993.

朱慶之, ＜漢語外來詞二例＞, 《語言教學與研究》, 1994.

余廣川, ＜異域文化與漢文化的碰撞＞, 《西南民族學院學報》, 2001.

吳世雄, ＜關於"外來概念詞"研究的思考＞, 《詞庫建設通訊》, 1995.

吳永波, ＜縮略語, 外來詞及其翻譯中的懶惰現象＞, 《中國科技翻譯》, 2002.

吳傳飛, ＜論漢語外來詞分類的層級性＞, 《語文建設》, 1999.

吳聖雄, ＜由詞彙的移借現象論中國語文的一種特質＞, 《國文學報》, 1988.

吳慧堅, ＜試析廣州的英語外來詞＞, 《廣東教育學院學報》, 1997.

吳慧堅, ＜試論外來詞對漢語第補充作用與功能＞, 《廣東教育學院學報》, 2000.

吳禮權, ＜漢語外來詞音譯的特點及其文化心態探討＞, 《復旦學報》, 1994.

宋紅波, <漢語中的西文字母詞面面觀>, ≪武漢冶金管理幹部學院學報≫, 2000.

李文平, <漢語外來詞古今比較與反思>, ≪吉首大學學報≫(社會科學版), 1998.

李行健, 王鐵昆, <兩岸詞彙比較研究管見>, ≪華文世界≫, 1996.

李秀芹, <外國商標詞的傳譯方式及其文化心理>, ≪陝西師範大學學報≫, 2001.

李　坤, <略論漢語聲調的性質, 功能與組合模式>, ≪廈門大學學報≫, 1997.

李南衡, <外來語索隱>, ≪新書月刊≫, 1984.

李根芹, <維護漢語純潔性.慎重吸收外來詞>, ≪紅蘇廣播電視大學學報≫, 2000.

李　梅, <漢語外來詞撫談>, ≪教育論壇≫, 2001.

李業宏, <永漢字音譯英文人名地名及外來詞用字標准化的建議>, ≪詞庫建設通訊≫, 1996.

李冀宏, <論漢語中外來詞的借用>, ≪長沙交通大學學報≫, 1998.

李學建, <漫畫外來文文化與翻譯>, ≪外語研究≫, 1995.

李樹新, <因馨循義－漢譯外來詞的文化傾向>, ≪漢字文化≫, 1998.

杜永道, <現代漢語中新出現的"中外合成詞">, ≪語文建設通訊≫, 1997.

汪榕培, 常駿躍, <英文詞彙中漢語借詞的來源>, ≪四川外語學院學報≫, 2001.

周玉琨, <談漢語外來詞研究中的幾個問題>, ≪內蒙古師大學報≫, 1999.

周定國, <談漢語音譯外來詞規範化>, ≪語文建設≫, 1994.

周洪波, <外來詞譯音成分的語素化>, ≪語言文字應用≫, 1995.

周振鶴, 司佳, <漢譯西洋地名的兩個系統>, ≪詞庫建設通訊≫, 1998.

周　荐, <擬外來詞－文化交流中的怪胎>, ≪語文建設≫, 1996.

周達甫, <行業語和外來語的規範化>, ≪中國語文≫, 1956.

孟偉根, <"BB機"是外來詞嗎？>, ≪詞庫建設通訊≫, 1995.

孟偉根, <評≪現代漢語詞典≫(修訂版) 對外來詞的處理>, ≪詞庫建設通訊≫, 1997.

孟偉根, <漢語外來詞的詞義漢化及其回譯>, ≪詞庫建設通訊≫, 1996.

林倫倫, 陳慨麗, <現代英語中的漢語借詞說略>, ≪遼寧大學學報≫, 2000.

竺家寧, <兩岸外來詞的翻譯問題>, ≪華文世界≫, 1996.

邵敬敏, <香港方言外來詞比較研究>, ≪語言文字應用≫, 2000.

姜恩慶, <現代漢語新外來詞探索>, ≪天津商學院學報≫, 1999.

姚榮松, <小小台灣, 語言爆炸>, ≪國文天地≫, 1987.

姚榮松, <外來語－廉價的朱古力？或入超的舶來品>, ≪國文天地≫, 1991.

姚榮松, <台灣現行外來語的問題>, ≪師大學報≫, 1992.

姚榮松, <海峽兩岸新詞語構詞法的比較分析>, ≪華文世界≫, 1992.

姚漢銘, <新詞語中的對外開放印記>, ≪廣西師院學報≫(哲學社會科學版), 1997.

姚德懷, <華語詞彙的整理和規範>, 《詞庫建設通訊》, 1996.

柳　星, <外來詞漢化的文化心理原因 >, 《湖南教育學院學報》, 2000.

洪文翰, <外來詞的引進與漢譯>, 《外語與外語教學》, 1997.

胡開寶, <英漢商標品牌名稱對比研究>, 《上海交通大學學報》(社會科學版), 1999.

修德建, <關於中日兩國語言吸收外來詞的對比研究>, 《解放軍外語學院學報》, 1995.

徐正考, <論漢語詞彙的發展與漢民族曆史文化的變遷>, 《吉林大學社會科學版》, 1994.

郝　琳, <商標外來詞初探>, 《佳木斯師專學報》, 1995.

馬文熙, <SIR, 生, 先生>, 《語文建設》, 1994.

馬　彥, <漢語外來詞的構詞特點與語義演變>, 《湖南輕工業高等專科學校學報》, 2002.

高惠娟, <20年來新的語言現象對我國社會的折射>, 《商丘師範學院學報》, 2001.

高　燕, <現代漢語外來詞的單音化縮略>, 《松遼學刊》, 1998.

高　燕, <外來詞與漢民族語言心理>, 《松遼學刊》(人文社會科學版), 2001.

高　燕, <漢語外來詞研究五十年>, 《松遼學刊》(人文社會科學版), 2002.

塗靖, 李柯平, <漢語詞彙音譯的限度與標准>, 《湖南醫科大學學報》(社會科學保), 2000.

張日昇, <香港廣州話英語音譯借詞的聲調規律>, 《中國語文》, 1986.

張金梅, <現代漢語外來詞研究述評>, 《陰山學刊》, 1996.

張貞梅, <英漢兩種語言中互相"引進"的詞彙>, 《山西教育學院學報》, 2002.

張彩霞, <漢語外來詞與漢語民族文化心理探索>, 《社科縱橫》, 1997.

張梅娟, <漢語中外來詞詞語義的衍聲, 《西安石油學院學報》, 1999.

張維耿, <開放改革以來漢語詞彙的新發展及其社會心理原因>, 《暨南學報》, 1995.

張與權, <朝鮮語中的印歐外來語>, 《民族語文》, 1981.

梁容若, <如何改善中文裏外來語的翻譯>, 《東海學報》, 1959.

梁實秋, 黃宣範, 施翠峰, <中國語文中的外來語>, 《綜合月刊》, 1972.

梅　廣, <迎接一個考證學和語言綜合的漢語語法史研究新局面>, 《第三屆海峽兩岸語法
　　　史研討會》, 中央研究院語言學研究所籌備處, 2002.

許　浩, <三音節語詞單位說略－兼論現代漢語詞彙中的音節走勢和"三音化"傾向>, 《淄
　　　博師專學報》, 1997.

郭睦蘭, <九十年代漢語中的外來詞>, 《聊城師範學院學報》, 1998.

郭鴻杰, <二十年來現代漢語中的英語借詞及漢語語法的影響>, 《解放軍外國語學院學報》,
　　　2002.

郭鴻杰, <從形態學的角度論華語中的英語借詞對漢語構詞法的影響>, 《上海交通大學學
　　　報》, 2002.

陳　文, <外來詞漫談>, ≪徐州敎育學院學報≫, 2001.

陳艶秋, <新時期來自港台的新詞語及社會心理透視>, ≪南通師範學院學報≫, 2000.

惠小娟, <民俗語源與借詞的漢化>, ≪南昌大學學報≫, 1996.

焦貴甫, <英漢音節比較硏究>, ≪河南大學學報≫, 1994.

賀又寧, <對"外來詞"的再審視>, ≪貴州師範大學學報≫, 2001.

賀文照, <漢語意譯外來詞歸屬問題探討>, ≪安慶師範學院學報≫, 2000.

賀玉華, <晚期近代漢語西洋來源外來詞初探>, ≪吉安師專學報≫, 1998.

馮光火, <語義聯想與外來詞的漢譯>, ≪廣西民族學院學報≫, 1995.

馮建文, 毛莉, <外來詞的基本譯法>, ≪社科縱橫≫, 1998.

馮　英, <漢語聲調與形態>, ≪雲南師範大學哲學社會科學學報≫, 1995.

黃文貴, 謝英捷, <漢語中外來詞的規範問題>, ≪江西農業大學學報≫(社會科學版), 2002.

黃沛榮, 何醇麗, <「兩岸語文問題比較硏究」整合硏究計劃規劃報道>, ≪科學發展≫, 1995.

黃育才, <借詞與語言文化的發展>, ≪淮陰師範大學學報≫, 2000.

黃河淸, <漢語外來詞硏究中的若干問題>, ≪詞庫建設通訊≫, 1994.

黃河淸, <漢語音譯外來詞中所蘊含的語法現象>, ≪詞庫建設通訊≫, 1994.

黃河淸, <漢語外來影響詞>, ≪詞庫建設通訊≫, 1995.

楊小翠, <漢語的經濟性和藝術性>, ≪淸華大學學報≫(哲學社會科學版), 1997.

楊春娥, <語詞變遷與文化影響>, ≪忻州師範專科學校學報≫, 1999.

楊　茜, <外來詞：異質文化傳播和融彙的一面鏡子>, ≪安徽敎育學院學報≫, 2002.

楊　華, 蔣可心, <淺議新外來詞及其規範問題>, ≪語言文字應用≫, 1995.

楊　華, <從新時期漢語詞彙系統變異看社會變化對語言的影響>, ≪哈爾濱工業大學學報≫
　　　(社會科學版), 2001.

溫　志, <英漢語外來詞的引進方式及其文化內涵>, ≪廣東民族學院學報≫, 1997.

萬迪梅, <從文化的角度看漢語外來詞的翻譯>, ≪北京第二外國語學院學報≫, 2000.

葉德明, <台灣化國語之現象與影響>, ≪華文世界≫, 1991.

董秀梅, <關於改革開放以來漢語吸收外來詞的思考>, ≪聊城師範學院學報≫, 2001.

董曉敏, <當代漢語詞彙變化文化透視>, ≪江西師範大學學報≫(哲學社會科學版), 2002.

路志宏, <論語言的演變及互相影響>, ≪河南大學學報≫(社會科學版), 1999.

戴　靜, <關於外來詞字母化>, ≪貴陽師專學報≫, 2001.

熊堯祥, 魏展英, <對譯名不統一的意見>, ≪中國語文≫, 1957.

趙玉樂, <現代漢語外來詞淺析>, ≪河北師範大學學報≫, 1994.

趙志忠, <北京官話中的滿語借詞>, ≪滿族文化≫, 1995.

趙　杰, <北京話中的滿漢融合詞探微>, 《中國語文》, 1993.

趙　悅, <同化與融合>, 《遼寧大學學報》, 2000.

趙　輝, <淺析"望文生義"對漢譯外來詞及短語的影響>, 《西安電子科技大學學報》, 2001.

劉兆祐, <淺論「外來語」>, 《國文天地》, 1987.

劉志芳, <從電腦科技用語看漢語新詞創造與構詞法>, 《華文世界》, 1998.

劉涌泉, <談談字母詞>, 《語文建設》, 1994.

劉涌泉, <關於漢語字母詞的問題>, 《語言文字應用》, 2002.

劉澤先, <漢語不能容納外來語嗎？>, 《中國語文》, 1957.

劉澤先, <Hydroquinone>, 《詞庫建設通訊》, 1993.

歐陽友珍, 賴一華, <改革開放以來詞的吸收及其前景預測>, 《江西教育學醫, 院學報》, 2002.

潘文國, <漢字的"音譯義">, 《詞庫建設通訊》, 1998.

蔡　梅, <現代漢語外來詞探源>, 《語言學研究》, 1999.

鄧大好, <談外來詞引進的途徑, 方法及其漢譯技巧>, 《三峽學刊》, 1998.

黎昌抱, <試論外來詞的翻譯與內部形式化>, 《麗水師範專科學校學報》, 2000.

冀榮江, 楊文海, <英語詞彙的形成, 發展和完善>, 《河北師範大學學報》, 1997.

樸貞姬, <中國海峽兩岸外來詞對比研究>, 《山東教育學院學報》, 2002.

黎昌抱, <外來詞的翻譯與內部形式化>, 《四川外語學院學報》, 2000.

黎昌抱, <英漢外來詞對比研究>, 《外語教學》, 2001.

盧卓群, <"望文生義"的語言心理和漢語音譯外來詞>, 《語言教學與研究》, 1997.

盧卓群, <當今音譯外來詞的詞義蛻變>, 《語文建設》, 1998.

聶鴻音, <音節儉省是外來新詞語規範化的首要原則>, 《語文建設》, 1994.

錦文·斯坦博格, <現代化與外來語>, 《詞庫建設通訊》, 1997.

魏永紅, 魏永佳, <試論外來詞翻譯中的地域性差異>, 《河南師範大學學報》, 1996.

魏慧萍, <漢語外來詞素初探>, 《漢語學習》, 2002.

龐林林, <英漢語對外來詞的吸收和使用>, 《廣西民族學院學報》, 1995.

羅友花, <略談漢語外來詞的翻譯>, 《湖南財經高等專科學校學報》, 2001.

羅其精, <淺談漢語外來詞"葡萄"的形成及其源出>, 《詞庫建設通訊》, 1995.

孫夕珺, <基于辭書整理的大陸与台湾漢語外來詞對比分析>, 《南華大學學報》, 2013.

羅宗濤, <古代翻譯述略>, 《漢學研究通訊》, 1982.

譚慧玉, <淺談英語中的漢語借詞>, 《鄭州煤炭管理幹部學院學報》, 2001.

譚汝謙, <外來詞研究落後的一點民族心理因素>, 《詞庫建設通訊》, 1993.

譚海生, ＜大陸粵方言區與香港地區使用外來詞之區別－粵方言外來語三探＞, ≪廣東教育學院學報≫, 1994.

蘇瑞, ＜漫談諧譯詞的修辭作用＞, ≪語文建設通訊≫, 1991.

≪周易≫(十三經注疏本), 台北：藝文印書館, 1997.

≪荀子新注≫, 台北：里仁書局, 1983.

≪魏書≫(二十五史本), 台北：鼎文書局, 1978.

≪詞匯學新研究≫編輯組, ≪詞彙學新研究－首屆全國現代漢語詞匯學術討論會選集≫, 北京：語文出版社, 1995.

≪語文學習≫編輯部, ≪語言大觀≫, 上海：上海教育出版社, 2000.

≪語言學論叢≫編委會, 北京：商務印書館, 1999.

刁晏斌, ≪新時期大陸漢語的發展與變革≫, 洪葉文化事業有限公司, 1995.

刁晏斌, ≪現代漢語史論稿≫, 北京：中國文聯出版社, 2001.

中國社會科學院語言研究所, ≪中國語言學論文索引：1991-1995≫, 北京：商務印書館, 2003.

王力, ≪中國語法理論≫, 台中：藍燈文化事業公司, 1987.

王力, ≪漢語史稿≫, 北京：中華書局, 1980.

王文顏, ≪佛典漢譯之研究≫, 台北：天華出版事業股份有限公司, 1984.

王吉輝, ≪現代漢語縮略詞語研究≫, 天津：天津人民出版社, 2001.

王珏, ≪現代漢語名詞研究≫, 上海：華東師範大學, 2001.

王理嘉, ≪二十世紀現代漢語語音論著索引和指要≫, 北京：商務印書館, 2003.

王福祥, 吳漢櫻, ≪文化與語言≫, 北京：外語教學與研究出版社, 1994.

包惠南, ≪文化語境與語言翻譯≫, 北京：中國對外翻譯出版公司, 2001.

北京大學中文系現代漢語教研室, ≪現代漢語專題教程≫, 北京：北京大學出版社, 2003.

北京師範學院中文系漢語教研組, ≪五四以來漢語書面語言的變遷和發展≫, 北京：商務印書館, 1959.

史存直, ≪漢語詞彙史綱要≫, 上海：華東師範大學出版社, 1989.

史有爲, ≪異文化的使者－外來詞≫, 吉林：吉林教育出版社, 1991.

史有爲, ≪漢語如是觀≫, 北京：北京語言文化大學出版社, 1997.

史有爲, ≪漢語外來詞≫, 北京：商務印書館, 2000.

田相範, ≪英語音聲學槪論≫, 漢城：eulyoo文化社, 1995.

申小龍, ≪語言與文化的現代思考≫, 鄭州：河南人民出版社, 2000.

刑　欣, ≪都市語言研究新視角≫, 北京：北京廣播學院出版社, 2003.

伯恩斯坦, ≪關於語言混合問題≫, ≪語言學中的歷史主義問題≫, 五十年代出版社, 1954.

吳金娥, ≪國音及語言運用≫, 台北：三民書局, 1999.

呂叔湘, ≪中國文法要略≫, 台北：文史哲出版社, 1992.

呂叔湘, ≪語文常談≫, 台北：書林出版社, 1993.

呂叔湘, ≪語文漫談≫, 香港：三聯書店(香港), 1998年.

呂冀平, ≪當前我國語言文字的規範化問題≫, 上海：上海教育出版社, 2000.

宋均芬, ≪漢語詞彙學≫, 北京：知識出版社, 2002.

李方桂, ≪語言變化與漢語方言：李方桂先生紀念論文集≫, 台北：中央研究語言學研究所
　　　　籌備處, 2000.

李如龍, 蘇新春, ≪詞彙學理論與實踐≫, 北京：商務印書館, 2001.

李家樹, 陳遠止, 謝耀基, ≪漢語綜述≫, 香港：香港大學出版社, 1999.

李瑞華, ≪英漢語言文化對比研究≫, 上海：上海外語教育出版社, 1996.

周一民, ≪現代北京話研究≫, 北京：北京師範大學出版社, 2002.

周及徐, ≪漢語印歐語言詞彙比較≫, 成都：四川民族出版社, 2002.

周光慶, ≪漢語與中國早期現代化思潮≫, 哈爾濱：黑龍江教育出版社, 2001.

周有光, ≪現代文化的衝擊波≫, 北京：生活・讀書・新知三聯書店, 2000.

周有光, ≪周有光語文論集≫, 上海：上海文化出版社, 2002.

周有光, ≪21世紀的華語和華文：周有光耄耋文存≫, 北京：生活・讀書・新知三聯書店,
　　　　2002.

周法高, ≪中國語文研究≫, 台北：華岡出版有限公司, 1973.

周振鶴, 遊汝杰, ≪方言與中國文化≫, 上海人民出版社, 1986.

周慶華, ≪語言文化學≫, 台北：生智文化事業有限公司, 1999.

林乃燊, ≪中國古代飲食文化≫, 北京：商務印書館, 1997.

林燾, 李炫馥, 沈小西譯, ≪中國語音聲學≫, 漢城：教育科學社, 1999.

林燾, 王理嘉, ≪語音學教程≫, 台北：五南圖書出版公司, 1995.

武占坤, 王勤, ≪現代漢語詞彙槪要≫, 呼和浩特：內蒙古人民出版社, 1983.

竺家寧, ≪中國的語言和文字≫, 台北：台灣書店, 1998.

竺家寧, ≪聲韻學≫, 台北：五南圖書出版公司, 1992.

竺家寧, ≪漢語詞彙學≫, 台北：五南圖書出版公司, 1999.

邵敬敏, ≪文化語言學中國潮≫, 北京：語文出版社, 1995.

金田一春彥, ≪日語槪況≫, 北京：北京大學出版社, 2002.

金莉華, ≪翻譯學≫, 台北：三民書局, 1995.

南開大學中文系≪語言研究論叢≫編委會, ≪語言研究論叢≫, 北京：語文出版社, 1997.

姚漢銘, ≪新詞語・社會・文化≫, 上海：上海辭書出版社, 1998.

胡裕樹, ≪現代漢語≫(增訂本), 台北：新文豐出版公司, 1992.

胡曉清, ≪外來語≫, 北京：新華出版社, 1998.

孫暉, 謝文慶, ≪漢語言文化研究≫, 天津：天津人民出版社, 2000.

眞田信治等著；王素梅等譯, ≪社會語言學槪論≫, 上海：上海譯文出版社, 2002.

黑西尼, ≪現代漢語詞彙的形成：十九世紀漢語外來詞研究≫, 上海：漢語大詞典出版社,
　　　1997.

馬祖毅, ≪中國翻譯簡史≫(增訂版), 北京：中國對外翻譯出版公司, 1998.

高名凱, 劉正埮, ≪現代漢語外來詞研究≫, 北京：文字改革出版社, 1958.

高名凱, 石安石, ≪語言學槪論≫, 北京：中華書局, 2002.

國家語言文字工作委員會語言文字應用研究所, ≪語言文字應用研究論文集≫, 北京：語文
　　　出版社, 1995.

常敬宇, ≪漢語詞彙與文化≫, 台北：文橋出版社, 2000.

張世祿, ≪語言學槪論≫, 上海：中華書局, 1941.

張永言, ≪詞彙學簡論≫, 武漢：華中工學院出版社, 1982.

張振興, ≪著名中年語言學家自選集.張振興卷≫, 合肥：安徽敎育出版社, 2002.

張德鑫, ≪中外語言文化漫議≫, 北京：華語敎育出版社, 1996.

梁曉虹, ≪佛敎詞語的構造與漢語詞彙的發展≫, 北京：北京語言學院出版社, 1994.

梁曉虹, ≪佛敎與漢語詞彙≫, 台北：佛光文化事業有限公司, 2001.

符淮靑, ≪現代漢語詞彙≫, 北京：北京大學出版社, 1985.

許威漢, ≪二十世紀的漢語詞彙學≫, 太原：書海出版社, 2000.

郭伏良, ≪新中國成立以來漢語詞彙發展變化研究≫, 保定：河北大學出版社, 2001.

陳光磊, ≪漢語詞法論≫, 上海：學林出版社, 1994.

陳昌來, ≪語文論叢≫, 上海：上海敎育出版社, 2001.

陳建民, ≪中國語言和中國社會≫, 廣州：廣東敎育出版社, 1999.

陳建民, ≪漢語新詞語與社會生活≫, 北京：語文出版社, 2000.

陳　原, ≪陳原語言學論著≫(共三卷), 遼寧：遼寧敎育出版社, 1998.

陳　原, ≪社會語言學≫, 北京：商務印書館, 2000.

陳　原, ≪語言與社會生活≫, 台北：台灣商務印書館, 2001.

陳恩泉, ≪雙語雙方言與現代中國≫, 北京：北京語言文化大學出版社, 1999.

陳寶勤, ≪漢語造詞研究≫, 成都：巴蜀書社, 2002.

湯延池, ≪漢語詞法句法論集≫, 台北：台灣學生書局, 1988.

湯延池, ≪漢語詞法句法續集≫, 台北：台灣學生書局, 1989.

程祥徽, 田小琳, ≪現代漢語≫, 台北：書林出版有限公司, 1992.

程祥徽, ≪語言與傳意≫, 香港：海峰出版社, 1996.

程湘淸, ≪漢語史專書復音詞研究≫, 北京：商務印書館, 2003.

費爾迪南‧德‧索緒爾, ≪普通語言學教程≫, 北京：商務印書館, 1980.

賀國偉, ≪漢語詞語的生產與定型≫, 上海：上海辭書出版社, 2003.

黃沛榮, ≪當前語言問題論集≫, 台北：國立大學中國文學系, 1994.

黃宣範, ≪翻譯與語義之間≫, 台北：聯經出版事業公司, 1976.

黃宣範, ≪中英翻譯：理論與實踐≫(修訂版), 台北：文鶴出版有限公司, 1986.

黃宣範, ≪語言, 社會與族群意識：台灣語言社會學的研究≫, 台北：文鶴出版有限公司, 1995.

黃宣範, ≪語言學新引≫, 台北：文鶴出版有限公司, 1999.

溫鎖林, ≪語言與語言應用≫, 北京：中國社會科學出版社, 2003.

愛德華‧薩傑爾, ≪語言論≫(中譯本), 香港：商務印書館, 1977.

楊家駱, ≪中西交通史料彙編≫, 台北：世界書局, 1969.

楊琳, ≪漢語詞匯與華夏文化≫, 北京：語言出版社, 1996.

楊德峰, ≪漢語與文化交際≫, 北京：北京大學出版社, 1999.

葉蜚馨, 徐通鏘, ≪語言學綱要≫, 北京：北京大學出版社, 1997.

葛本儀, ≪現代漢語詞彙學≫, 山東：山東人民出版社, 2001.

葛本儀, ≪語言學概論≫, 台北：五南圖書出版社股份有限公司, 2002.

董少文, ≪語音常識≫(增訂版), 上海：上海教育出版社, 1988.

董同龢, ≪語言學大綱≫, 台北：東華書局, 1987.

鄒嘉彦, 遊汝杰, ≪漢語與華人社會≫, 上海：復旦大學出版社, 2001.

熊文華, ≪漢英應用對比概論≫, 北京：北京語言文化大學出版社, 1997.

趙元任, ≪語言問題≫, 台北：台北商務印書館, 1968.

劉元滿, ≪漢字在日本的文化意義研究≫, 北京：北京大學出版社, 2003.

劉堅主, ≪二十世紀的第中國語言學≫, 北京：北京大學出版社, 1998.

劉順, ≪現代漢語名詞的多視角研究≫, 上海：學林出版社, 2003.

潘允中, ≪漢語詞彙史概要≫, 上海：上海古籍出版社, 1989.

潘文國, 葉步青, 韓洋, ≪漢語的構詞法研究≫, 台北：台灣學生書局, 1993.

熱紮克・買提尼牙孜, ≪西域翻譯史≫, 烏魯木齊：新疆大學出版社, 1994.

蔣紹愚, ≪古漢語詞彙綱要≫, 北京：北京大學出版社, 1989.

談大正, ≪漢語的文化徵與國家通用語言文字≫, 北京：中國法制出版社, 2000.

盧國屛, ≪文化密碼-語言解碼：第九屆社會與文化國際學術研討會論文集≫, 台北：台灣
學生書局, 2001.

盧國屛, ≪與世界接軌-漢語文化學：第一屆淡江大學全球姐妹校漢語文化學術會議論文集≫,
台北：台灣學生書局, 2002.

謝國平, ≪語言學槪論≫(增訂新版), 台北：三民書局, 2002.

羅常培, 呂叔湘, ≪現代漢語規範問題學術會議文件彙編≫, 北京：科學出版社, 1956.

羅常培, ≪中國人與中國文≫, 台北：九思出版有限公司, 1978.

羅常培, ≪語言與文化≫, 北京：語文出版社, 1989.

蘇新春, ≪當代中國詞彙學≫, 廣州：廣東教育出版社, 1995.

顧之川, ≪明代漢語詞匯研究≫, 河南：河南大學出版社, 2000.

龔嘉鎭, ≪漢字漢語漢文化論集≫, 成都：巴蜀書社, 2002.

AnthonyArlotto, 李乙煥, 李周行, 鄭東彬, 閔賢植共譯, ≪比較-曆史語言學≫, 漢城：學
硏社, 1987.

Bryam, M, Cultural Studies in Foreign Language Education, Multilingual Matters,
1987.

Kenneth L. Pike, Tone Language, The University of Michigan Press, 1982.

Norman, Jerry, Chinese, Cambridge University Press, 1988.

≪中國大百科全書≫(語言文字), 北京：中國大百科全書出版社, 1998.

≪古漢語知識詳解辭典≫, 北京：中華書局, 1996.

≪朗文當代高級詞典≫, 香港：朗文出版社中國有限公司, 1997.

≪國語日報外來語詞典≫, 台北：國語日報社, 1986.

≪現代漢語詞典≫(修訂本), 北京：商務印書館, 1996.

≪現代漢語詞典≫(2002年增補本), 北京：商務印書館, 2002.

≪漢英逆引詞典≫, 北京：商務印書館, 1985.

≪綜合電腦辭典≫, 香港：郞文出版亞洲有限公司, 1997.

≪語言文字詞典≫, 北京：學苑出版社, 1999.

≪簡明吳方言詞典≫, 上海：上海辭書出版社出版, 1986.

于根元主編, ≪現代漢語新詞典≫, 北京：北京語言學院出版社, 1994.

王魁京, 那須雅之編, ≪現代漢語縮略語詞典≫, 北京：商務印書館, 1996.

朱廣祁編, ≪當代港台用語辭典≫, 上海：上海辭書出版社, 1994.

岑麒祥, ≪漢語外來語詞典≫, 北京：商務印書館出版社, 1990.

金素雲, ≪韓日詞典≫, 漢城：徽文出版社, 1968.

咸鍾學, 申今順, 李鍾萬等編著, ≪漢英日韓電腦詞典≫, 北京：中華書局, 2001.

袁暉, 阮顯忠主編, ≪現代漢語縮略語詞典≫, 北京：語文出版社, 2002.

劉正埮, 高明凱, 麥永乾, 史有爲編, ≪漢語外來詞詞典≫, 上海：上海辭書出版社, 1984.

Jones, Daniel, An English Pronouncing Dictionary, 11thed..’19-。Longman Dictionary
        of Contemporary English, Third edition with New Words supplement, 2001.

Websters New World College Dictionary, 4thed.., 2000.

≪中央研究院平衡語料庫≫ http://www.sinica.edu.tw/ftms-bin/kiwi.sh

≪Britannica Encyclopedia≫ http://www.britannica.com

1. 중국과 대만에서 다르게 나타나는 외래어

	중국	대만
Abu dhabi	阿布紮比	阿布達比
Aids	艾滋病	愛滋病
amen	阿門	阿們
ammonia	氨	阿摩尼亞
Anglo-Saxon	盎格魯撒克遜人	盎格魯撒克遜
aspirin	阿斯匹林	阿斯匹靈
bacon	×	培根
barmaid	×	吧女
beatles	披頭士	披頭
Benin	貝寧	貝南
bilge	舭	×
blogger	博客	部落格
Bloomfield, L.	布龍菲爾德	布隆費德
Botswana	博茨瓦納	波箚那
bungy	蹦極/另蹦極跳	高空彈跳
Calais	加來	加萊
call-in	×	扣應/叩應
camera	攝影機	開麥拉
Cannes	戛納	坎尼斯
carrat	克拉	卡拉特
catarrh	×	加達爾
cent	分	仙
champagne	香檳(酒)	香檳
chanson	×	香頌
cheese	奶酪/吉士	起司
Chomsky, N.	喬姆斯基	航士基

---

* 부록에 수록된 중국어 외래어는 본 저서와 樸貞姬(2002), 孫夕珺(2013), 李敬(2009)에서 자료로 선정한 외래어를 중심으로 정리한 것이다.

	중국	대만
cider	蘋果汁	西打
Clinton, B.	克林頓	柯林頓
cocaine	可卡因	古柯鹼
cocoa	可可	可可樹/可可
Colombo	科倫坡	可倫坡
Curry	咖喱	加哩/加厘
Dacron	的確良	達克龍
Daddy	×	爹地
democracy	民主主義	德謨克拉西
derby	德比	×
derby	德比	×
disco	迪斯科	迪斯可
Disneyland	迪斯尼樂園	狄斯尼樂園
Doming, P.	多明戈	多明哥
Dumdum	達姆彈	達姆達姆彈/達姆彈
Ecuador	厄瓜多爾	厄瓜爾
Edison, T. A.	愛迪生	艾迪生
Einstein, A.	愛因斯坦	艾因斯坦
Eisenhower, D. D.	艾森豪威爾	艾森豪
enamel	琺瑯	琺瑯
Encore	×	安可
encore	×	安可
Ethiopia	埃塞俄比亞	衣索匹亞
Florida	佛羅裏達	弗羅裏達
freetown	弗裏敦	自由城
Gabon	加蓬	加彭
Gamma-ray	伽馬射線	伽碼射線
gentleman	紳士/先生	尖頭鰻
geometry	幾何學	幾何
Ghana	加納	迦納
gin	金酒	琴酒

	중국	대만
Gypsy	吉普賽人	吉普賽
hacker	黑客	駭客
hamburger	漢堡包	漢堡
Hamilton	哈密爾頓	漢米頓
Hollywood	好萊塢	好來塢
Honduras	洪都拉斯	宏都拉斯
Houston	休斯敦	休斯頓
hysteria	歇斯底裏	歇斯德裏/歇斯底裏
ice-cream	冰激淩	冰淇淋
Idaho	愛達荷	愛達和
Illinois	伊利諾斯	伊利諾
inch	英尺	吋
Iowa	衣阿華	愛我華
Italia	意大利	義大利
Jackson, M.	邁克爾傑克遜	麥可傑克森
jeep	吉普	吉普(車)
Kenya	肯尼亞	肯亞
kiwi	幾維鳥	×
La Nina	拉尼娜現象	×
lace	×	蕾絲
laser	萊塞	雷射
Leghorn	來亨雞	來坑雞
Lima	利馬	利瑪
Logic	邏輯學	理則學
loop	避孕環	樂普
Los Angeles	洛杉磯	洛杉機
lotto	彩票	樂透
luan	×	柳安木
Lumen	×	流明
Lysol	×	來蘇
Managua	馬那瓜	馬拿瓜

	중국	대만
Mandoline	曼德琳	曼陀鈴
mark	嘜	嘿
Martin Luther King	馬丁路德金	馬丁路德金恩
Marx, K.	馬克思	馬克斯
Marxism	馬克思主義	馬克斯主義
Marxism	馬克思主義	馬克斯主義
massage	按摩	馬殺雞
metre	米	米突/米達
Mickey Mouse	米老鼠	米凱鼠
milk shake	×	奶昔
Mug	×	馬克杯
Muslim	穆斯林	穆思林
Na-Ka-Shi	×	那卡西
Namibia	納米比亞	那密比亞
number one	那摩溫	×
O-Ba-San	×	阿巴桑
okapi	㺔猳狓	×
Onnep	膃肭	膃肭獸
ounce	盎司	盎斯
pattra	貝多	貝多羅(貝多)
Pelew	帛琉	伯琉
Pennsylvania	賓夕法尼亞	賓夕凡尼亞
pizza	比薩餅	披薩
Polynesia	波裏尼西亞	玻理尼西亞
puff	×	泡芙
quark	誇克	×
rayon	人造絲	嫘縈
Reagan, R.	裏根	雷根
romance	羅曼史	羅曼斯
Rye	×	拉愛麥
sagu	×	西穀米

	중국	대만
samba	桑巴	森巴
San Marino	聖馬力諾	生嗎利諾
sandwich	三明治	三文治
Santiago	聖地亞哥	聖地牙哥
Saudi Arabia	沙特阿拉伯	沙烏地阿拉伯
sauna	桑拿	三溫暖
scooter	×	速克達
show	模仿秀	秀
Simmons	席夢思	席夢思床
Singapore	新加坡	新嘉坡
Somali	索馬裏	索馬利亞
Spielberg, S.	史蒂芬斯皮爾伯格	史蒂芬史匹柏
Stalin, J.	斯大林	史達林
Sundae	×	聖代
Suriname	蘇裏南	蘇利南
Sydney	悉尼	雪梨
talk show	×	脫口秀
taxi	出租汽車	的士/計程車
Tchouk ball	×	巧固球
Teramycin	土黴素	土黴素
Texas	德克薩斯	德克薩斯
Titanic	泰坦尼克號	鐵達尼號
tobaco	煙草	淡巴菰
Uncle Sam	山姆大叔	山姆叔叔
Van Gogh	凡高	梵穀
varnish	×	凡立司
X-ray	愛克斯射線	愛克斯光線
Yemen	也門	葉門
yogurt	酸奶	優酪乳
Zimbabwe	津巴布韋	辛巴威

2. 중국과 대만에서 동일하게 나타나는 외래어

	외래어
ameba	阿米巴
ampere	安培
angel	安琪兒
Argentina	阿根廷
Australia	澳大利亞
ballet	芭蕾舞
bandage	繃帶
bar	(酒)吧
beer	啤(酒)
bikini	比基尼
bourgeois	布爾喬亞
bowling	保齡球
boycott	杯葛
brandy	白蘭地
bus	巴士
bushel	蒲式耳
caffeine	咖啡因
calorie	卡路裏
Canada	加拿大
cannon	加隆炮
car	卡(車)
carbine	卡賓(槍)
card	卡片
carnival	嘉年華會
cartoon	卡通
cashmere	開司米
cc	西西
CD	Compact Disc
cigar	雪茄

	외래어
coffee	咖啡
combine	康拜因
copy	拷貝
CT	Computerized Tomography
dahlia	大麗(花)
DDT	滴滴涕
dengue	登革熱
domino	多米諾骨牌
dozen	打
DVD	Digital Video
engine	引擎
erg	爾格
Eskimo	愛斯基摩(人)
flannel	法蘭絨
gallon	加侖
gene	基因
golf	高爾夫(球)
guitar	吉他
heroin	海洛因
hormone	荷爾蒙
humor	幽默
index	引得
Indian	印第安(人)
jacket	夾克
jazz	爵士(樂)
jeep	吉普車
karat	卡其
khaki	卡其
kodak	柯達
Kremlin	克裏姆林宮
lemon	檸檬

	외래어
London	倫敦
mango	芒果
marathon	馬拉松
microphone	麥克風
mile	邁
mini	迷你
miniskirt	迷你裙
miss	密司
mister	密司脫
model	模特
modern	摩登
morphine	嗎啡
motor	馬達
mummy	木乃伊
neon	霓虹燈
nicotine	尼古丁
Nobel	諾貝爾
nylon	尼龍
Olympics	奧林匹克
Paris	巴黎
party	派對
pass	派司
pence	便士
penicillin	盤尼西林
pepsicola	百事可樂
Peru	秘盧
ping-pong	乒乓球
pint	品脫
poker	撲克
pound	磅
pudding	布丁

	외래어
pump	泵
radar	雷達
ream	令
rifle	來復(線)
romantic	羅曼蒂克
Rome	羅馬
rupee	盧比
salon	沙龍
sardine	沙丁魚
shock	休克
sonar	聲納
tank	坦克車
TOFEL	托福
totem	圖騰
trust	托拉斯
UFO	幽浮
valve	閥
vaseline	凡士林
VCD	Video Compact Disc
violin	梵啞鈴
vitamin	維他命
waltz	華爾茲
Washington	華盛頓
whisky	威士忌
カラOK	卡拉OK

찾아보기

ㅍ

ㅎ

저자 이지원(李知沅)

성균관대학교 중어중문학과 졸업, 문학 학사.
대만 국립정치대학교 졸업, 문학 석사.
미국 UCLA 졸업, 중국 언어학 박사.
현재 연세대학교 UIC 강사.

주요 논저

『A Discourse Analysis of Second-and Third Person Pronoun Repetitions in Mandarin Chinese Conversation』, Seoul : BoGoSa, 2013.
「Strategic and collaborative uses of other-repeated first-person-pronoun-wo repetition in Mandarin Chinese : one case study」, 2013.
「Dui in Mandarin conversation : discourse-pragmatic functional expansion」, 2011.
「현대 중국어 담화의 전사 방법에 관한 연구-말차례 시작점 담화 요소를 중심으로」, 2012.
「중국어의 말차례 시작과 말차례 끝에서 순차적으로 발화되는 '我覺得(wo juede)'의 상호작용적 기능에 관한 연구」, 2012.

중국어 외래어의 연구

초판 인쇄 2014년 4월 14일
초판 발행 2014년 4월 21일

지은이 이지원
펴낸이 이대현
편 집 권분옥
펴낸곳 도서출판 역락
　　　　서울 서초구 동광로 46길 6-6 문창빌딩 2층
　　　　전화 02-3409-2058(영업부), 2060(편집부)
　　　　팩시밀리 02-3409-2059
　　　　이메일 youkrack@hanmail.net
　　　　등록 1999년 4월 19일 제303-2002-000014호

ISBN 979-11-5686-041-9 93720
정 가 15,000원

* 파본은 구입처에서 교환해 드립니다.

이 도서의 국립중앙도서관 출판시도서목록(CIP)은 서지정보유통지원시스템 홈페이지(http://seoji.nl.go.kr)와 국가자료공동목록시스템(http://www.nl.go.kr/kolisnet)에서 이용하실 수 있습니다.(CIP제어번호: CIP2014012006)